HEYNE
BÜCHER

W0409700

HEYNE KOCHBÜCHER

ILSE FROIDL / DOROTHEE VON HELLERMANN

BROT SELBSTGEBACKEN

Das neueste Hobby der Feinschmecker

Originalausgabe

WILHELM HEYNE VERLAG
MÜNCHEN

HEYNE-BUCH Nr. 4214
im Wilhelm Heyne Verlag, München

13. Auflage

Printed in Germany 1982
Umschlagfoto: Dieter Hinrichs, München
Umschlaggestaltung: Atelier Heinrichs, München
Gesamtherstellung: Ebner Ulm

ISBN 3-453-40180-8

Inhalt

Abkürzungen und Erläuterungen:

TL	=	Teelöffel
EL	=	Eßlöffel
Msp.	=	Messerspitze

Temperatureinstellungen:

E-Herd		G-Herd
180°	=	G 2
200°	=	G 3
220°	=	G 4
230°	=	G 5
250°	=	G 6
280°	=	G 7

Kleine Kulturgeschichte des Brotes

Brot ist bei uns, dem brotreichsten Land der Welt, noch immer das wichtigste Nahrungsmittel, aber gerade weil es so selbstverständlich zum täglichen Leben gehört, macht man sich kaum Gedanken über seine Entwicklung bis zu der für uns heute ganz selbstverständlichen Brotpalette mit ihren unzähligen Sorten, und nur vage ist jedem bewußt, daß Brot ein uraltes Nahrungsmittel ist.

Seine ›Erfindung‹ ist mit dem Seßhaftwerden der Menschen verbunden, das es ermöglichte, allmählich die Körner der Wildgräser durch Anbau und Kultivierung zu vergrößern, bis sie zu Getreide wurden. Da Korn im Rohzustand fast unverdaulich ist, war es nötig, durch die Verarbeitung zu Mehl seinen Nährwert zu erschließen. Jahrtausendelang hat die Menschheit dann

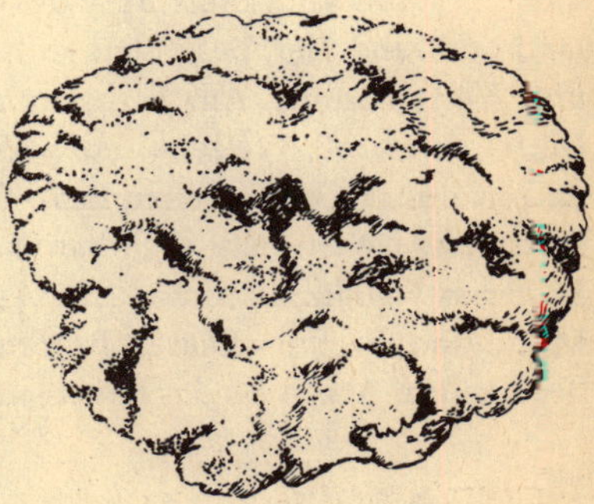

Brot, um 1150 v. Chr. gebacken. Es wurde im Grab Ramses III. gefunden.

von Brei aus zermahlenen Körnern gelebt. Später verdickte man den Brei zum steiferen Teig, den man an der Sonne dörrte, am Feuer röstete oder auf heißen Steinen buk. Auf ägyptischen Wandbildern kann man sehen, daß der Brei über tönerne Klötze gestrichen und an der Luft getrocknet wurde, so daß er

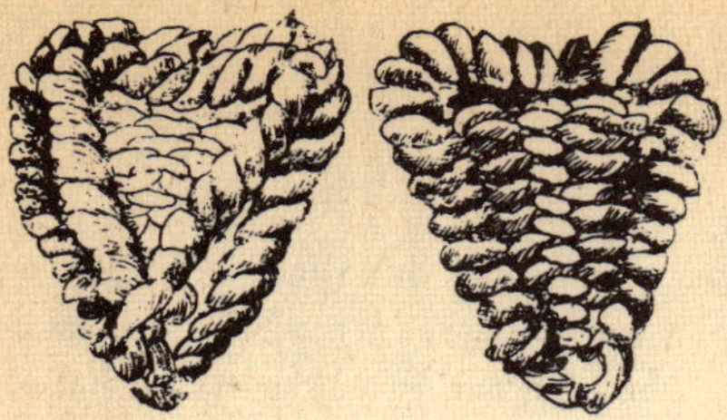

Herzbrot. Im alten Ägypten wurde es zur Verlobung geschenkt.

eine harte Außenkruste bekam. Im Mittleren Reich, um 1900 v. Chr., wurde in Ägypten aber auch bereits in Öfen, sog. Tonnenöfen, Brot gebacken. Untersuchungen von Broten aus dem Grab Tut-ench Amuns (1350 v. Chr.), die dem Pharao als Wegzehrung für seine Reise ins Jenseits mitgegeben wurden, ergeben aber, daß es sich nicht um Brot im heutigen Sinne handelte, sondern um Fladen, deren Lockerung bestimmt nicht durch Gärung eingetreten ist. Erst um 400 v. Chr. kannte man in Ägypten mit Bierhefe gelockertes, gegorenes Brot.
Von Ägypten kam die Kunst des Brotbackens nach Griechenland und fand hier, besonders in Athen, vielfache Veränderung und Verfeinerung. Am verbreitetsten war, wie im gesamten Mittelmeerraum, Weizen- und Gerstenbrot, das meist rund war und in seiner Größe genau dem Tagesbedarf eines Menschen entsprach. Neben dem täglichen Brot hatte man auch kuchenähnliches Gebäck, darunter eine Art Brotkuchen mit Wein, Öl, Milch und Pfeffer. Dieser Brotkuchen, sog. alexandrinisches Brot, galt in Athen als das feinste und leckerste Backwerk.

Brot aus dem alten Ägypten, das zum Jagdessen serviert wurde.

Feigenbrot aus Ägypten. Die besten Stücke eines solchen Brotes wurden Krokodilen und heiligen Tieren geopfert.

Die Brote wurden nicht nur durch die Wahl des Mehls und der Zutaten variiert, sondern auch durch verschiedene Backweisen, denn obwohl in Griechenland der Backofen bekannt war, füllte man den Teig mit Vorliebe in irdene oder eiserne Geschirre und buk ihn in heißer Asche.

In Athen wurde Dionysos als Erfinder des Brotbackens hoch gefeiert; ihm zu Ehren wurden bei den Prozessionen der Dionysien große Schaubrote herumgetragen.

Trotz der Vielfältigkeit der Brote muß man aber annehmen, daß die Griechen erst relativ spät gegorenes Brot kennengelernt haben, denn Herodot und Xenophon (um 400 v. Chr.) äußern sich noch verwundert bzw. begeistert über gesäuertes Brot, das sie auf ihren Reisen kennengelernt hatten.

Ähnlich war es in Rom, wo Plinius d. Ä. (23–79 n. Chr.) als

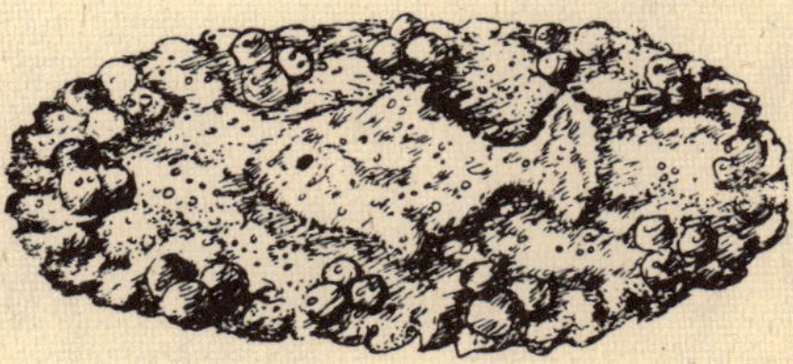

Brot aus dem alten Griechenland. Mit Fett und Pfeffer gebacken wurde es zu Fischen gereicht.

Brot aus dem alten Griechenland. Gebacken mit Honig in Form einer Blume.

erster in seiner Naturkunde ganz genau die Herstellung des Sauerteigs und der Weinhefe beschrieben hat. Daraus läßt sich schließen, daß ungefähr seit der Zeitenwende im europäischen Mittelmeerraum gegorenes Brot, also Brot in unserem Sinne, außer dem Fladen gebacken wurde.

Backöfen waren in Rom bereits seit 170 v. Chr. bekannt, und während der Regierung Kaiser Augustus' zählte man in Rom ca. 300 Backhäuser. Auch hier gab es die verschiedensten Brotsorten, so hatte man *panis siligineus,* ein Weizenbrot, und *panis plebejus,* schwarzes Brot für Arme und Sklaven, ferner außer dem im Ofen gebackenen auch in speziellen Pfannen und durch kurze, starke Hitze gebackenes Brot. Die genaueste Auskunft darüber geben die zahlreichen Grabungsfunde aus Pompeji, wo

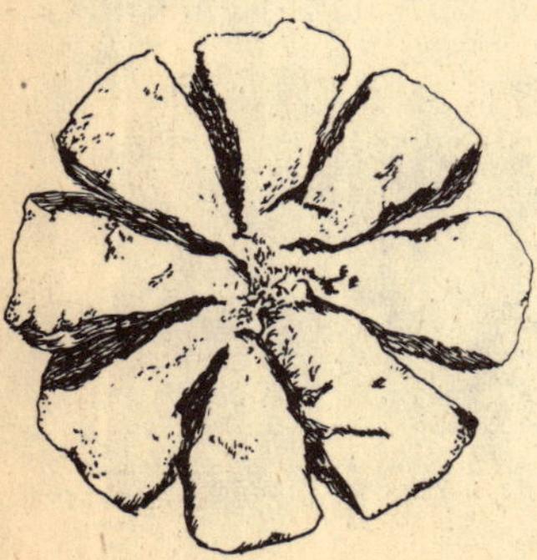

Brot aus der Römerzeit. Diese spezielle Form wurde im Jahre 79 n. Chr. beim Vesuvausbruch in Pompeji verschüttet. Es wurde im 18. Jahrhundert bei Ausgrabungen wieder gefunden.

»Krone von Jerusalem«. Dieses Brot wurde im Jahre 1099 gebacken, um den Sieg des Gottfried von Bouillon über die Heiden in Jerusalem zu feiern. Es stellt eine Dornenkrone dar.

es bereits neben mehreren kleinen Bäckereien und Backhäusern eine regelrechte Großbäckerei gab – ihrem Besitzer gehörte eine ganze Straßenzeile mit getrennter Bäckerei und raffinierter Konditorei. Das häufigste pompejanische Brot, das in zahlreichen Wandbildern abgebildet ist und in vielen Häusern gefunden wurde, ist ein achteckiges, mit Hefe hergestelltes Weizenbrot, das im Aussehen ungefähr den heutigen Semmeln entspricht.

Erstaunlicherweise läßt sich in den Roggen-Anbaugebieten nördlich der Alpen durch Grabungsfunde bereits für die Zeit um 800 v. Chr. eindeutig gesäuertes Brot, und zwar Fladenbrot mit Sauerteiggärung auf der Grundlage von Roggenschrotmehl, nachweisen. Da Sauerteig nichts anderes ist als in der Zerset-

Hochzeitsbrot aus dem Mittelalter. Die verschlungenen Ringe symbolisieren die Unauflöslichkeit der Ehe.

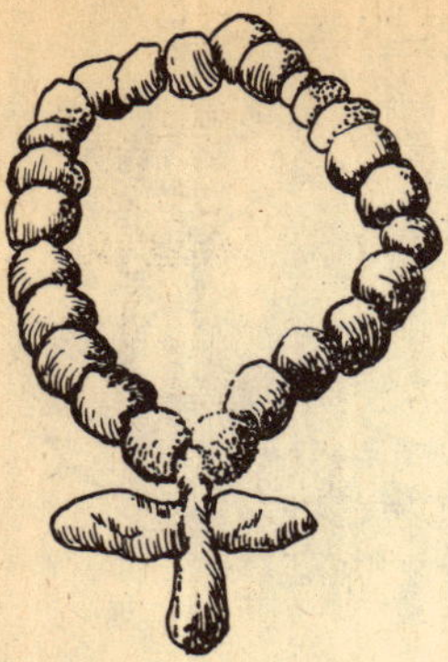

Rosenkranzbrot aus dem Mittelalter, aus grobem Mehl gebacken. Die einzelnen eiförmigen Teile wurden von Mönchen an die Armen verteilt.

zung begriffener Mehlbrei, kann man sich gut vorstellen, daß diese Fladen einem Zufall zu verdanken sind: Um den gesäuerten, ungenießbaren Brei nicht wegwerfen zu müssen, hat man versucht, ihn zu backen, und dadurch ein wohlschmeckendes, durch die Gärung gelockertes Nahrungsmittel erhalten. Ähnliche Brote werden heute noch in entlegenen Alpentälern zwei bis drei Mal im Jahr gebacken und in offenen, hängenden Gestellen aufbewahrt; sie sind so hart, daß sie mit dem Hammer zerkleinert und die einzelnen Brocken vor dem Essen in Milch oder Wasser aufgeweicht werden müssen.
Die Vielfalt der Brotsorten und -formen, die es in Griechenland und Rom gegeben hat, findet man zunächst nördlich der Alpen nicht. Auf zahlreichen Darstellungen ritterlichen Lebens kann

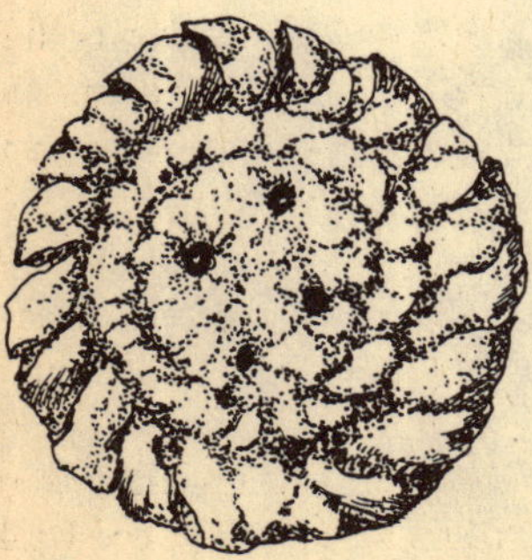

Knopfbrot. Es soll an die Erfindung des Knopfes im 11. Jahrhundert erinnern.

Vasallenbrot. Dieses Brot durften die Vasallen in den Öfen ihrer Herren backen. Jeder Vasall hatte eine eigene Zahl von Schnitten, mit denen das Brot unterteilt wurde.

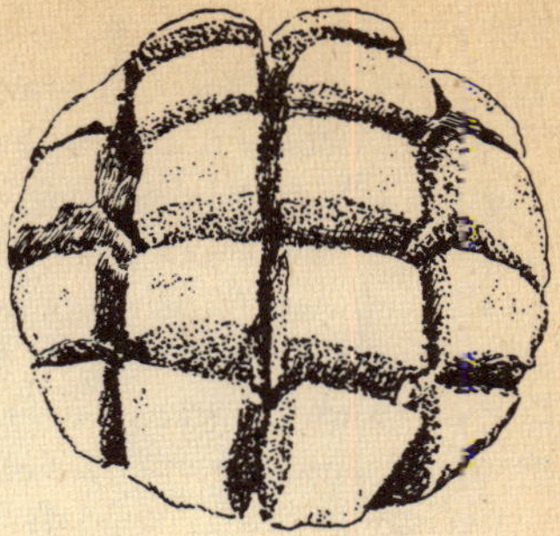

man sehen, daß Fladenbrote, die häufig als Tellerersatz unter die Speisen gelegt wurden, und flache, runde Brotlaibe wie die heutigen Bauernbrote die häufigsten Brotformen waren. Eine Ausnahme waren die Brauchtumsgebäcke, zu denen auch die Gebildbrote gehören, die als Kindbett-Brot, Gevatter-Brot, Brot zur Brautwerbung und Seelenwecken zum Gedächtnis der Toten die verschiedensten Formen zeigen, in denen heidnische und christliche Bildvorstellungen zusammenfließen. Außerdem wurden zu bestimmten kirchlichen oder christlichen Ereignissen Bildnisbrote gebacken, wie z. B. Brote in Form einer Dornenkrone als Erinnerung an die Eroberung von Jerusalem durch Gottfried v. Bouillon 1099 oder als Rosenkranzbrote, die von Mönchen zu besonderen Festtagen an die Armen verteilt wurden. Überhaupt hatten die Klöster, die meist eine eigene Bäckerei besaßen, im frühen Mittelalter wesentlichen Einfluß auf die Entwicklung der Bäckerei und der Gebäcksorten. Die Sitte des Brotbackens zu kirchlichen Festen hat sich vor allem in katholischen Gegenden bis heute erhalten.

Mit zunehmender Bedeutung und Ausbreitung der Städte zu Beginn des Mittelalters wandelte sich die Hausbäckerei zur gewerblichen Bäckerei. Es entstanden die Zünfte der Müller und Bäcker, die genaue Vorschriften für Herstellung, Gewicht und Zutaten der Brote aufstellten und Zuwiderhandlungen streng bestraften. Seit dem 17. Jahrhundert ist auch das tägliche Brot

vielfältiger geworden. Neben Roggenbrot gab es immer häufiger Weißbrot und anderes Hefegebäck. Das Brot wurde außerdem länger und höher und erhielt allmählich seine heutige Form.
Durch die Industrialisierung und Maschinisierung der heutigen Zeit verwandelte sich auch das Bäckerhandwerk. Außer in den herkömmlichen Bäckereien, die den Verbraucher in den dazugehörigen Läden direkt beliefern, wird Brot mehr und mehr in Brotfabriken gebacken, die ihre Erzeugnisse an Lebensmittelgeschäfte und Supermärkte verteilen. Weit über die Hälfte unseres Brotes wird heute in der Fabrik hergestellt.
Vielfach wird dort, besonders zum sog. Graubrot, einem Roggen-Weizenmischbrot, das den größten Teil des Fabrikbrotes ausmacht, zur Herstellung des Teiges eine fertige Trockenmischung verwendet, die vom Mehl bis zum Lockerungsmittel außer Wasser alle Zutaten enthält.
Der Vorteil des Fabrikbrotes ist seine hohe Sterilität, denn von der Zubereitung des Teiges übers Kneten, Formen, Ein- und Ausschießen in den Ofen bis gegebenenfalls zum Schneiden und Verpacken erfolgen alle Arbeitsgänge durch Maschinen und Fließbänder, so daß das Brot bis zum Verzehr mit keiner Menschenhand in Berührung kommt.
Zum Abschluß muß noch davon gesprochen werden, daß Brot, trotz der großen Bedeutung, die es durch das Christentum als Symbol des Lebens und Inbegriff menschlicher Ernährung bekommen hatte, bis ins 19. Jahrhundert immer nur Nahrungsmittel der wohlhabenden Bevölkerung gewesen ist. Die Masse der Menschen ernährte sich zu allen Zeiten, ob in Ägypten, Griechenland, Rom oder im nördlichen Europa, hauptsächlich von Brei, der erst Ende des 18. Jahrhunderts von Brot und Kartoffeln als Grundnahrungsmittel verdrängt wurde; um 1800 verbrauchte man in Deutschland immerhin pro Kopf im Jahr 300 kg Brot. Seitdem hat der Verbrauch wieder rapide abgenommen, heute sind es weniger als 70 kg. Der Rückgang des Brotverbrauchs ist hauptsächlich eine Folge der veränderten Lebensformen, die eine eiweißhaltigere Ernährung notwendig machen.

Rund um das Brot

Brotsorten

In deutschen Landen werden mehr als 200 verschiedene Sorten Brot und über 1 200 Arten Kleingebäck angeboten. Damit sind wir das brotreichste Land der ganzen Welt! Unser tägliches Brot braucht also wirklich nicht eintönig zu sein. Die bekanntesten Brotsorten sollen hier kurz beschrieben werden. Eine Vorbemerkung: Wie ›hell‹ oder ›dunkel‹ ein Brot oder seine Krume ist, hängt nicht nur vom Mehl, sondern auch vom Backprozeß ab. Stark ausgemahlenes Mehl besitzt mehr Kleie (also Schale und Keim des Korns) und ist dunkler. Je weniger Kleie es besitzt, desto heller ist die Farbe des Mehles und die des daraus gebackenen Brotes.
Die Geschmäcker sind sehr verschieden, und so liebt der eine kräftiges dunkles Brot, der andere zieht weißes mit feinerem Geschmack vor. Sehr viele Menschen denken auch an ihre Gesundheit und bevorzugen Spezialbrote.

Roggenbrot
Es wird fast nur aus Roggenmehl gebacken, und je nach dem höheren oder niedrigen Ausmahlungsgrad (meist 80 %) des Korns ist das Brot dunkler oder heller. Zuerst wurde dieses »Bauernbrot« in Berlin und Umgebung gebacken. Jetzt wird es in vielen Sorten und Formen angeboten. Es wird nur mit Sauerteig (also ohne Hefe) gebacken. Sein Geschmack ist kernig-aromatisch und seine Haltbarkeit sehr gut.

Roggenvollkornbrot
Es enthält alle Bestandteile des Getreidekornes und ist daher besonders gehaltvoll und nahrhaft. Dank seiner Ballaststoffe hilft es sehr, die Darmtätigkeit anzuregen und zu normalisieren.

Es kommt als »Rheinische Art« mit hohem Roggengrobschrot-Anteil und als »Holsteinische Art« mit hohem Roggenfeinschrot-Anteil in den Handel.
Roggenvollkornbrot auf rheinische Art hat einen milden säuerlichen, die holsteinische Art einen kräftigen säuerlichen Geschmack. Die Haltbarkeit ist von beiden Arten sehr gut.

Roggenmischbrot

Dieses Brot wird aus einem Gemisch von Roggen- und Weizenmehlen hergestellt, bei dem der Roggenmehlanteil größer ist. Diese Mischbrote stehen an der Spitze der Brotangebote, in Norddeutschland meist nur als Langbrot, in Süddeutschland teils als Lang- teils als Rundbrot. Ist der Roggenmehlanteil größer, ist das Brot würziger. Haltbarkeit dieses Brotes ist gut. Der Teig wird mit Hefe oder Sauerteig oder mit beidem gelockert.
In Norddeutschland ist ein »gegerstetes Roggenmischbrot« beliebt. Gersteln bedeutet das Abflämmen der Teigstücke vor dem Backprozeß. Es ist ein angeschobenes Brot in rechteckiger Form, das durch das Abflämmen eine marmorierte Oberfläche und krustenlose, hellere Seitenflächen erhält. Durch das Gersteln wird die Kruste sehr dicht, das Brot behält daher seine Aromastoffe und bleibt sehr lange frisch.

Weizenmischbrot

Beim Weizenmischbrot überwiegt der Weizenmehl- gegenüber dem Roggenmehlanteil. Dieses Mischbrot ist besonders in der Schweiz und in Österreich sehr beliebt. In Norddeutschland wird es meist als Langbrot mit zwei bis drei Einschnitten hergestellt und in Süddeutschland vielfach als Rundbrot mit gerändelter Oberfläche. Der Teig wird mit Hefe, Sauerteig oder mit beiden gelockert. Je höher der Weizenmehlanteil, desto lockerer und heller wird das Brot und desto milder und neutraler der Geschmack. Die Frischhaltung ist begrenzt. Zu diesem Brottyp gehört das bekannte »Schwäbische Bauernbrot«.

Weizenschrotbrot

Dieses Brot wird aus Weizenbackschrot mit Hefe und etwas Sauerteig hergestellt. Es ist etwas dunkler als reines Weizenbrot. Es hat eine bröckelige Krume und schmeckt kräftiger als Weißbrot. Die Bestandteile des Getreidekornes werden weitgehendst ausgenützt.

Weizenbrot

Es ist die hellste Brotsorte und wird aus hellen Weizenmehlen von etwa 70 %iger Ausmahlung mit Hefe – manchmal auch mit Milchzusätzen – hergestellt. Der Geschmack ist milde und neutral. Es wird als freigeschobenes Brot, mit mehrfach eingeschnittener Oberfläche gebacken oder als Kastenbrot.
Weißbrot gilt in den westlichen Ländern – besonders in Frankreich, Italien, England, USA – als das Brot schlechthin. Es wird auch gerne als Toastbrot verwendet. Das Toasten stammt aus den angelsächsischen Ländern und soll das Brot durch das Rösten geschmacklich verbessern. Es hält sich durch den Anteil von Milch, Fett und Zucker verhältnismäßig lange frisch.

Spezialbrote

Diese Bezeichnung dürfen Brote nur führen, wenn mindestens eine der nachstehenden Voraussetzungen gegeben ist:

1. Verarbeitung von speziell hergestellten Mahlerzeugnissen
2. Verwendung von weniger üblichen Zusätzen
3. Verwendung von anderen als Brotgetreidemehlen
4. Anwendung von weniger üblichen Backverfahren

Zu 1. gehören:

Steinmetzbrot

Ein Vollkornbrot aus Roggen, Weizen oder beiden Getreidearten. Das Korn wird in einem besonderen Naßschälverfahren enthülst. Es werden nur die äußeren holzigen Kornschalen entfernt. Keimling und Samenschale bleiben erhalten. Das enthülste Korn wird verschieden fein vermahlen. Es wird mit Sauerteig zubereitet, dem manchmal noch Hefe beigesetzt wird. Gebacken wird es in viereckigen Blechformen mit verlängertem Backprozeß, der dem Brot einen herzhaften Geschmack gibt.

Simonsbrot

Für dieses dunkle Brot wird das volle Roggen- oder Weizenkorn verarbeitet. Die Körner werden 6–12 Stunden eingeweicht und zum schwachen Keimen gebracht. Danach werden sie in Teigmühlen zu einem groben Brei zerquetscht, der mit Sauerteig und Hefe oder nur mit Hefe gelockert wird. Es wird als Kastenbrot gebacken, hat keine Kruste und einen charakteristischen herbsüßen Geschmack.

Schlüterbrot

Ein Vollkorn-Roggenbrot, das etwa 25 % Kleie (die beim Mahlen des Kornes abgetrennten Schalenanteile mit dem Keimling) enthält. Die Kleie wird nach einem Patentverfahren vorher durch Dampf aufgeschlossen. Dabei wird die Stärke teilweise in Zucker umgewandelt, um das Brot leichter verdaulich zu machen. Beim Backen karamelisiert der Zucker und bewirkt dadurch den süßlich-aromatischen Geschmack und die bräunliche Krume.

Grahambrot

Ein Vollkornbrot aus geschrotetem Weizen, das mit Hefe zubereitet wird. Es ist sehr leicht verträglich, besonders für Magenkranke geeignet und schmeckt etwas ›farblos‹.

Weizenkeimbrot

Ein Brot aus hellem Weizen- oder Roggenmehl, das mit Weizenkeimen angereichert wird.

Zu 2. gehören:

Buttermilchbrot, Joghurtbrot, Milcheiweißbrot, Gewürzbrot, Kümmelbrot, Malzbrot, Mohnbrot, Leinsamenbrot, Sonnenblumenkernbrot, Zwiebelbrot, Kräuterbrot, Speckbrot u. a.

Zu 3. gehören:

Brote aus Maismehl, aus Reismehl, Sojamehl, Erdnußmehl.

Zu 4. gehören:

Pumpernickel
Er wird aus Roggenschrot und dunklem Roggenmehl mit Sauerteig hergestellt. In Dampfkammern bei niedriger Temperatur 16—24 Stunden lang gebacken. Dabei entwickeln sich Röststoffe und Karamelstoffe sowie Dextrine, die dem Pumpernickel die dunkle Farbe und den säuerlich-süßen Geschmack geben. Das Brot hat eine leichte, klebrige Krume und fast keine Kruste.

Knäckebrot
Aus Roggenvollkornschrot oder Weizenschrot oder aus Mischungen dieser Schrote, die mit wenig Hefe oder Sauerteig versetzt werden, hergestelltes Brot. In den Teig wird durch starkes Rühren Luft eingeführt. Der Teig wird in dünnen Fladen bei hoher Temperatur schnell gebacken und anschließend getrocknet. Es enthält wenig Wasser und kann daher lange aufbewahrt werden. Das Angebot ist vielfältig: knusprig-hart, knusprig-zart, mürbe, mit oder ohne entrahmte Milch, mit Kümmel, mit Leinsamen u. a.

Diätbrote

Diabetikerbrot
Ein Sonderbrot, das mit Getreideeiweiß angereichert wird und mindestens 30 % weniger an Kohlenhydraten enthalten darf als normales Brot.
Weitere Diätbrote: Natriumarmes Brot (kochsalzarm), Weizeneiweißfreies Brot (glutenfrei), Kohlenhydratvermindertes Brot, Kleberfreies Stärkebrot.

Brote aus dem Ausland – in Deutschland gebacken

Finnland	Ringbrote aus Weizenmehl
Holland	Gebuild Tarwenmelkbrood – Weißbrot in Kastenform
Italien	Pane de Tessin – langes dunkles Brot
Frankreich	Baguette – langes Weißbrot aus feinstem Mehl
Venezuela	Pan de Locha – längliches Mischbrot
Australien	High Top Loaf – Kastenweißbrot Snow white – Rundbrot (flach)
Israel	Lehem-Lawam – langes Weißbrot mit etwa 18 Einschnitten Fladenbrot
USA	Soft Rolls, Home made Cottage – Mischbrot
UdSSR	Kalatsch – Weißbrot, runder Kranz Picklewang chleb – langes Roggenbrot
Ägypten u. Nordafrika	Fladenbrote
Argentinien	Galetta Meudocina, Galetta Marineva
Japan	Mandju-Gebäck
China	Ta po tsui – Ringbrot mit Leinsamen bestreut Santse – langes Brot

Die Brotlagerung

Brot muß trocken, kühl und luftig gelagert werden. Es ist vor Geruchsbeeinträchtigung zu schützen. Der Kühlschrank ist im allgemeinen nicht der richtige Platz zur Aufbewahrung von Brot, da es durch die niedrigen Temperaturen zu schnell altbacken wird. Dies gilt auch für andere Backwaren. Durch die Lagerung im Kühlschrank wird nur die Schimmelbildung verzögert.

Brote mit hohem Weizenanteil eignen sich nur für kurzfristige Aufbewahrung. Roggen- und Roggenmischbrote kann man dagegen bedenkenlos bis zu einer Woche im Haushalt aufbewahren. Unverpacktes Brot hält sich am besten in sauber gehaltenen, geeigneten Lagerbehältern mit loser Bedeckung, denn Brot muß ›atmen‹ können. Brotkrümel und Feuchtigkeit begünstigen die Schimmelbildung. Brotbehälter sollten daher einmal wöchentlich mit Essigwasser ausgewaschen werden.
Eine ideale Art für eine gute Lagerung bzw. die Vorratshaltung von Brot stellt das Einfrieren dar.

Das Einfrieren von Brot

Brot und Brötchen werden üblicherweise *nach* dem Backen eingefroren, da sie so im allgemeinen bessere Gefrierprodukte ergeben als solche aus gefrorenem Brot- und Brötchenteig. Das soll aber keineswegs heißen, daß man die Teige nicht ebenfalls einfrieren kann. Nur hängt der Erfolg beim Gefrieren dieser Teige von der Wirksamkeit der Hefe ab, die sich manchmal bei der Gefrierlagerung vermindert. Darum lassen sich diese Teige nur bedingt eingefrieren.
Da bei häuslicher Herstellung ofenfrisches Brot zur Verfügung steht, sollte dieses möglichst schnell bei Tieftemperatur eingefroren werden. In diesem Zustand ist ein vorschriftsmäßig verpacktes Brot mehrere Wochen lagerfähig, manche Brote auch 4–6 Monate. Ob sich das selbstgebackene Brot gut einfrieren läßt und wie lange es im Gefrierfach gelagert werden kann, muß jede Hausfrau selbst ausprobieren.
Das Auftauen erfolgt bei Zimmertemperatur. Zeitdauer 2–3 Stunden.
Gebackene Brötchen jeder Art lassen sich gut einfrieren. Für kurze Zeit, 2–4 Tage, kann man sie unverpackt aufbewahren. Für längere Lagerung müssen sie vorschriftsmäßig verpackt sein. Sie halten sich dann 2–4 Monate.

Man kann die Brötchen auch tischfertig backen, so daß sie zum Essen nur aufgetaut zu werden brauchen, oder auch nicht ganz fertig backen und kurz vor dem Essen nochmals vollständig backen. Dadurch bekommen sie dann eine schöne Bräunung und knusprige Konsistenz.
Als Verpackungsmaterial verwendet man für Brot und Brötchen am besten Kunststoffbeutel.

Brot für das Weltall

Selbst die Kosmonauten können nicht auf Brot verzichten, denn seine lebensnotwendigen Nährstoffe, wie Eiweiß, Kohlenhydrate, Vitamine (vor allem Vitamin B_1 und Vitamin B_2) und Mineralstoffe (besonders Calcium und Eisen), müssen auch im All gegessen werden.
Heute werden in der UdSSR schon kleine Brotlaibe – etwa in Größe von Würfelzucker – gebacken, die aus Weizen- oder Roggenmehl hergestellt werden. Dazu wird eine besondere Teigmischung verwendet, die das Brot länger geschmackvoll und vor allem frischer erhält als auf der Erde.

Artischockenbrot. In der Renaissance hatte jeder Bäcker seinen eigenen, speziellen Brotstil.

Die Brotparty

Das wäre doch einmal etwas anderes! Was Anlaß und ›Austragungsort‹ betrifft (wie wär's im Grünen oder am Strand?), sind der Phantasie keine Grenzen gesetzt. Als Beilagen: gegrillte Köstlichkeiten oder kalte Schlemmereien. Das wird bestimmt ein Bombenerfolg. Die Brot- oder Brötchenherstellung muß auch nicht am Partytag erfolgen, denn durch das Tiefgefrieren können Sie Ihre Backtage selbst bestimmen. Sollte dann Ihr Brotsortiment noch nicht reichhaltig genug sein, besorgen Sie sich noch weitere Kostproben von Ihrem Bäcker.
Für eine Brotparty geeignet sind besonders große Brezeln und Hörnchen, Minisemmeln, Speckbrot, Zwiebel- und Sauerkrautbrot, im übrigen alles, was Ihnen sonst noch an Rezepten aus diesem Buch gefällt.

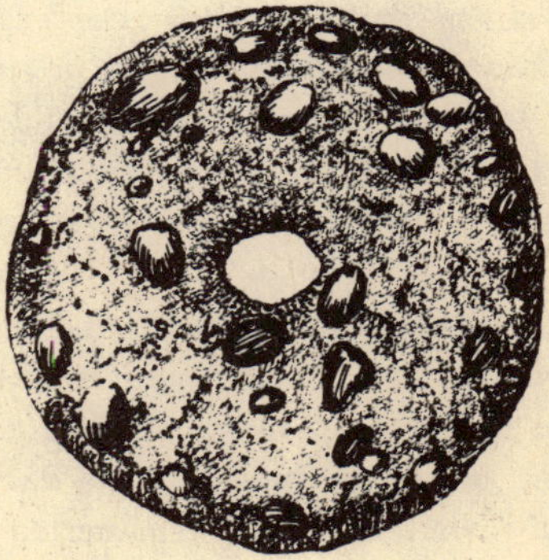

Brot von roter Erde aus Schweden, 12. Jahrhundert. Es wurde während der Hungersnot aus Erde, Rentier- oder Schweineblut gebacken. An dem Loch in der Mitte wurde es an der Decke zum Schutz gegen Nagetiere aufgehängt.

Selbstgebackenes Brot – gestern und heute

Trotz der seit dem Mittelalter vor allem in den Städten üblichen gewerblichen Herstellung des Brotes hat sich vorwiegend auf dem Lande, aber auch in den Städten bis in jüngste Zeit das selbstgebackene Brot erhalten, und noch heute gehört es in vielen Dörfern zu den Aufgaben der Frau, das Brot für die Familie zu backen. Die Arbeitsmethoden haben sich im Laufe der Jahrhunderte kaum verändert. Am Tag vor der eigentlichen Zubereitung des Teiges wird das Mehl in dem großen, hölzernen Backtrog hergerichtet und neben den Ofen in die Wohnstube gestellt. Ein vom letzten Backen zurückbehaltener, inzwischen gegorener Teigrest wird als Sauerteig dazugegeben. Am nächsten Tag wird der Teig entweder in dem Backtrog oder in einer großen Holzmolle mit leicht gewärmtem Wasser und Salz angerührt und gründlich geknetet. Der fertig durchgearbeitete Teig bleibt mit einem Tuch bedeckt in der Wärme stehen, damit er ›gehen‹ kann. Er wird durch den Sauerteig locker, weil die dabei entstehende Kohlensäure Bläschen bildet, die den Teig langsam in die Höhe treiben und ihm seine porige Konsistenz geben. Anschließend werden die Laibe ausgeformt und gebakken.

Früher hatten die meisten Höfe einen eigenen Backofen, entweder einen freistehenden, vielfach auch ein kleines Backhäuschen, oder einen in das Haus eingebauten und von der Küche aus zugänglichen, bei dem der eigentliche Backraum der Sitzofen in der Stube war. Über der gemauerten oder aus Lehm geformten Unterlage wölbte sich eine ebenfalls aus Lehm geformte Kuppel. Das darin brennende Holzfeuer erwärmte Boden und gewölbte Decke. Nach dem Herunterbrennen und Verglühen des Holzes wurden Glut und Aschenreste entfernt und das fertig geformte Brot auf den ›Einschießern‹ – je nach

Gehörntes Brot aus der Renaissance. Es war aus mehreren, sehr stark gebackenen Hörnern zusammengesetzt und für Magenkranke gedacht; gilt als Vorläufer des Zwieback.

Art des Brotes langstieligen Holzbrettern oder -mulden — zum Backen in den Ofen geschoben. Noch heute gilt dieses Holzofenbrot als besonders wohlschmeckend. Vielfach waren die Backhäuser, die nach dem gleichen Prinzip beheizt wurden, aber auch Gemeindeeigentum. Sie standen jeder Bäuerin an bestimmten Tagen zur Verfügung. Um Verwechslungen zu vermeiden, war es dann notwendig, die Laibe zu kennzeichnen. Vielfach benutzte man dazu besondere Brotstempel, die ursprünglich rituelle Bedeutung hatten. In den Städten war es außerdem üblich, die wöchentlich selbst zubereitete Brotmenge beim Bäcker ausbacken zu lassen. Auf das Signal des Bäckers, der damit ankündigte, daß sein Ofen heiß wäre und die Frauen zum Backen kommen könnten, bezieht sich der Kindervers: Backe, backe Kuchen, der Bäcker hat gerufen . . .

Mehr noch als andere häusliche Arbeiten, die der Ernährung der Familie dienten, war Brotbacken fast eine heilige Handlung, deren Ablauf genauen Vorschriften unterlag. Viele der dabei üblichen Gebräuche haben sich bis heute erhalten, z. B. ist es in einigen protestantischen und katholischen Gegenden immer noch üblich, daß die Bäuerin vor dem Ausformen der Brotlaibe das Kreuz über dem Teig schlägt, oder es mit der Hand ins Mehl zeichnet, bevor es über Nacht warm gestellt wird.

Trotz aller Vereinfachungen des täglichen Lebens ist seit kurzem das Interesse an selbstgemachtem Brot sprunghaft angestiegen. Sicherlich ist ein wesentlicher Grund dafür das augenblickliche Interesse an allem Vergangenen – das Altmodische ist wieder modisch geworden. Daneben spielt aber bestimmt die Tatsache eine Rolle, daß es heute in den Städten nur noch wenige Bäckereien gibt, die ein sowohl im Geschmack als auch im Aussehen vielfältiges Angebot an Broten haben, so daß die meisten Hausfrauen auf das industriell hergestellte Brot angewiesen sind, das zu Erhöhung der Sterilität möglichst noch warm geschnitten und verpackt wird, wodurch sich das Aroma viel weniger entfalten kann.

Das größte Problem beim Selbstbacken von Brot ist es, das richtige Mehl zu bekommen, denn die meisten Geschäfte beschränken sich auf Weizenmehl (Type 405 oder 550), das nur

Brot aus Mehl und Kartoffelstärke, in das ganze Kartoffeln eingebacken wurden.

für Feingebäck geeignet ist. Im Reformhaus kann man Roggenvollkornschrot (Schrot besteht im Gegensatz zu Mehl aus grobzerkleinerten Getreidekörnern), Weizenvollkornschrot, Sprießkornweizen und Sprießkornroggen bekommen, doch sind dort die Preise wegen der biologisch-dynamischen Anbauweise des Getreides extrem hoch. Am besten ist es, das Getreide direkt in einer Mühle zu besorgen, dort richtet sich der Preis nach dem Ausmahlungsgrad.

Wer einmal angefangen hat, Brot selbst zu backen, für den kann wegen der Fülle der Rezepte zu Weizen- oder Roggenbroten, zu Hefe- oder Sauerteigbroten Brotbacken schnell zur Leidenschaft werden. Der Genuß beginnt schon beim Backen, wenn der Duft nach frischem Brot durch die Wohnung zieht und wahre Köstlichkeiten verheißt.

Und noch etwas: Lassen Sie sich durch Unvollkommenheiten bei den ersten Backversuchen nicht entmutigen, schon sehr bald werden Sie das Fingerspitzengefühl für die richtige Beschaffenheit des Teiges bekommen. Zum vollkommenen Gelingen sind keine speziellen Backöfen nötig, sämtliche hier angegebenen Rezepte sind in normalen Herden erprobt worden.

Aus Mehl wird Brot – Backregeln zum Brotbacken

Durch die Verbindung von Mehl und Wasser entsteht unter Anwendung von Hitze Brot. Wird überwiegend Weizenmehl verarbeitet, entsteht helles, mineralstoffarmes Brot. Für Roggen- und Mischbrote verwendet man dunklere Roggenmehle mit Mineralstoffgehalten von etwa 1%.

Wenn Ihr Brot gelingen soll, sorgen Sie für eine gleichmäßig warme Temperatur in Ihrer Küche und vermeiden Sie jede Zugluft.

Steht in den Rezepten als Zutat nur ›Mehl‹, so ist immer Weizenmehl gemeint. Wenn Sie dieses nicht lose, sondern vom Hersteller abgepackt kaufen, muß Weizenmehl nicht mehr gesiebt werden. Roggenmehl dagegen muß im allgemeinen gesiebt werden.

Alle Mehlsorten, wie auch alle anderen Zutaten, müssen bei Verwendung zimmerwarm sein. Flüssigkeiten, Wasser und Milch, müssen lauwarm (30 Grad) sein. Ein Backthermometer empfiehlt sich.

Die lauwarme Flüssigkeit dürfen Sie immer nur nach und nach dem Mehl beigeben. Der fertige Teig muß fest, aber elastisch sein.

Triebmittel lockern den Teig. Das ursprüngliche Triebmittel ist der Sauerteig, dessen Bakterien und Hefen eine Gärung bewirken. Sauerteig wird zum Verbacken von Roggenmehl, Hefe für Weizenteige verwendet.

Für die Hausfrau sind mit Hefe gebackene Brote schneller und problemloser herzustellen. Sauerteig und Hefe entwickeln durch Vergärung des Zuckers Alkohol und Kohlensäure, die das Aufgehen des Teiges bewirken. Auch chemische Triebmittel (Backpulver) können für die Lockerung eines Teiges verwendet werden. Neben den Triebmitteln werden auch Backhilfsmittel angewendet, die die Aufgabe haben, die Backfähigkeit des Mehles zu verbessern, z. B. Quellmehl und lecithinhaltige Mittel.

Jeder Teig verlangt ein gutes ›Durchkneten‹. Sind Sie Besitzer einer Küchenmaschine mit Teigrührgerät, kostet Sie das wenig Zeit und keine Mühe. Andernfalls muß der Teig sehr kräftig 30 Minuten mit der Hand geknetet werden, was bei manchen Teigen etwas mühsam ist. Denn die Rohstoffe dürfen nicht nur vermischt, sie müssen auch intensiv zu einem gleichmäßigen Teig verarbeitet werden. Der Teig muß sich von der Schüssel lösen und Blasen werfen.

Den gekneteten Teig zum ›Gehen‹ immer an einen warmen Ort stellen, und mit einem sauberen Tuch zudecken. Hefeteige müssen sich verdoppeln, Sauerteige um die Hälfte vergrößern. Vor der Weiterverarbeitung Fingerprobe machen! Der Teig muß sich beim Fingereindruck sofort wieder schließen.

Das Brot immer in die vorgeheizte Backröhre schieben. Backtemperaturen sind bei jedem Rezept angegeben. Große Brote und Brote aus grobem Mehl schieben Sie auf die unterste Schiene, kleine Brote, Kuchenbrote und Brötchen jeder Art auf die mittlere.

Einen großen Anteil am Geschmack eines Brotes hat die Kruste. Krustenreiche Brote sind meist schmackhafter als krustenarme. Beim Backen des Brotes ist daher unbedingt darauf zu achten, daß die in den Rezepten angegebenen Backtemperaturen eingehalten werden, denn die Krustenbildung hängt auch von bestimmten Backtemperaturen ab.

Damit Sauerteigbrot gut aufgehen kann, braucht es beim Backen Wasserdampf (Bäcker bezeichnen ihn als ›Schwaden‹). Um ihn zu erzeugen, stellen Sie entweder ein Schälchen heißes Wasser mit in den Backofen oder Sie gießen eine Tasse Wasser vorsichtig auf den Boden des Backofens. Die Ofentür muß rasch wieder geschlossen werden, damit der Dampf nicht entweichen kann.

Sie erkennen ein gut gebackenes Brot daran, daß es hohl klingt, wenn Sie es an der Unterseite abklopfen.

Soll Ihr Brot hell glänzen, dann bestreichen Sie es gleich wenn Sie es aus dem Rohr nehmen mit Wasser oder mit einer gekochten Stärkelösung ($^1/_8$ l Wasser aufkochen lassen und mit 2 TL angerührtem Stärkemehl binden).
Für Ihr selbstgebackenes Brot viel Erfolg! Noch einen Rat: Beginnen Sie mit einem Brot, das nur mit Hefe gelockert wird. Diese Zubereitung ist Ihnen vom Kuchenbacken längst bekannt. Es wird demnach sicher gelingen und Sie dazu verlocken, sich auch an andere Brotrezepte zu wagen.

Über den Nährwert des Brotes

Der Nährwert eines Brotes wird in der Hauptsache von den verwendeten Mehlarten und -typen bestimmt. Brote aus hellen Mehlen haben einen höheren Kohlenhydratgehalt, doch meist niedrigeren Eiweiß- und Fettgehalt als Brote aus dunklem Mehl.

Mittlerer Nährwertgehalt in 100 g

Brotarten	Hauptnährstoffe				Mineralstoffe					Vitamine		
	Eiweiß	Fett	Kohlenhydrate	kcal	Natrium	Kalium	Kalzium	Phosphor	Eisen	B1	B2	Niacin
	g	g	g		mg	mg	mg	mg	mg	µg	µg	mg
Roggen-/Landbrot	6,4	1,0	51,2	250	520	230	35	130	1,9	160	120	0,5
Roggenvollkornbrot	7,3	1,2	46,4	240	420	290	43	220	3,3	180	150	1,6
Weißbrot/Weizenbrot	8,2	1,2	50,1	260	385	130	60	90	0,9	86	60	1,0
Weizenvollkornbrot	7,5	0,9	47,4	240	370	210	25	265	2,0	250	150	3,3
Grahambrot	8,4	1,0	48,2	250	370	210	25	210	1,6	210	110	2,5
Kommißbrot	6,6	0,6	52,5	257	468	269	32	168	3,0	180	120	1,0
Schlüterbrot	7,0	1,1	58,1	286	269	288	28	186	3,6	–	–	–
Simonsbrot	6,2	1,1	50,0	248	380	410	41	189	–	–	–	–
Steinmetzbrot	7,6	1,0	50,0	254	420	275	26	259	3,0	200	80	3,5
Knäckebrot	10,1	1,4	77,2	380	460	440	55	320	4,7	200	180	1,1
Pumpernickel	6,8	0,9	49,4	247	370	340	55	150	–	50	–	–
Brötchen/Semmeln	6,8	0,5	57,5	280	490	115	24	109	0,7	70	35	0,9

Erläuterungen:
g = Gramm
mg = Milligramm = 1/1000 Gramm
µg = Mikrogramm = 1/1000 Milligramm
– = über den betreffenden Stoff sind keine ausreichenden Unterlagen vorhanden

Quellen:
Souci-Bosch:
»Lebensmitteltabellen für die Nährwertberechnung«
Souci-Fachmann-Kraut:
»Die Zusammensetzung der Lebensmittel«

Duftende Brote aus Schrot und Korn

Sauerteigzubereitung

Wir haben schon aus der Geschichte des Brotes erfahren, daß das eigentliche Brot mit der Erfindung des Sauerteigs beginnt. Er ist die Grundlage aller würzigen, lockeren Brote und wohl die einzige (scheinbare) Schwierigkeit beim Selberbacken des Brotes. Wenn es einem gelingt, bei einer selbstbackenden Bauersfrau die fürs erste Brot ausreichende Menge Sauerteig (ca. 125 g auf 1 kg Roggenmehl) zu bekommen, ist das Problem gelöst, denn nun kann man sich bei jedem Backen die gleiche Menge des fertigen Teigs aufbewahren und ihn beim nächsten Backen verwenden. Allerdings müßte man dann wie auf dem Lande regelmäßig backen, denn der Sauerteig hält sich auch im Kühlschrank nur ungefähr 10 Tage. Eine andere Möglichkeit ist es, sich in einer Bäckerei fertigen Sauerteig zu kaufen (die meisten kleinen Bäckereien verwenden heute allerdings bereits fertig gekauften Sauerteig).
Eigentlich sind es nur noch die Bäcker auf dem Lande, die ihren Sauerteig auch heute noch selber zubereiten. Mit Recht können sie sehr stolz auf ihr Handwerk sein, das sehr viel Mühe mit sich bringt und große Sorgfalt verlangt, denn ›Sauerteigführung‹ ist eine richtige Kunst!
Unter Sauerteig versteht der Bäcker einen sauer gärenden Roggenmehlteig. Milch- und Essigsäurebakterien bewirken die Säurebildung. Die Kohlensäurebildung erfolgt durch die im Mehl vorhandene Hefe. Der Sauerteig also macht das Mehl backfertig und gibt ihm den erwünschten mild-säuerlichen Geschmack. Die Herstellung des Sauerteiges beginnt so: 100 g Mehl (kleinste Menge) mit 50 g lauwarmem Wasser zu einem dicken Brei verrühren, der als ›Anstellsauer‹ bezeichnet wird. Unter weiterer Zugabe von Mehl und Wasser wird der Sauer-

teig durch mehrere Stunden weitergeführt und vergrößert, wobei die richtige Temperatur eine wesentliche Rolle spielt. Entsprechend dem Fortschreiten der Gärung unterscheidet man verschiedene Gärungsstufen: anfrischsauer, grundsauer, vollsauer. Aus diesem letzten erst wird der gewünschte Brotteig zubereitet. Um dem Bäcker von heute die Sauerteigzubereitung zu ersparen, bietet die Industrie schon länger sog. ›Fertigsäuren‹ an, die in Pulverform auf den Markt kommen. Sie sind jedoch für die Hausfrau, die ihr Brot selber backen möchte, ebensowenig ohne weiteres zugänglich wie der Sauerteig. Beides kann sie nur vom Bäcker selber beziehen, wenn dieser bereit ist, von seiner Kostbarkeit etwas abzugeben.

Man kann den Sauerteig aber auch ohne große Schwierigkeiten selbst ansetzen. Gibt man noch – was eine kleine Verfremdung ist – etwas Hefe und Backpulver dazu, so hat man den Vorteil, daß das Brot schneller gärt und lockerer wird, trotzdem aber das typische Sauerteig-Aroma behält.

Sauerteig I

125 g Mehl mit $^1/_{16}$ l handwarmem Wasser verrühren und entweder 1 Schuß Buttermilch und 1 TL gemahlenen Kümmel oder geriebene Zwiebel oder nur 1 TL Weinbrand (Rum kann es auch sein) untermischen. Es muß ein fester Teig entstehen, und dieser soll mindestens 48 Stunden, mit einem feuchten Tuch bedeckt (nach einigen Stunden das Tuch wieder neu anfeuchten), an einem warmen Ort stehen, damit er genügend gären kann. Zeigen sich an der Oberfläche Risse und Blasen, ist es soweit. Der Brotteig kann bereitet werden. Man braucht für 500 g Mehl etwa 25 g von diesem Sauerteig und die gleiche Menge Hefe.

Sauerteig II

Man setzt $^1/_8$ l lauwarmes Wasser mit so viel Roggenmehl oder -schrot an, bis ein sämiger Brei entsteht, den man in einem Schraubglas bei guter Wärme (möglichst ca. 30°) zwei Tage gehen läßt. Die Masse ab und zu umrühren, aber das Glas immer wieder gut verschließen. Am dritten Tag säuert der Brei. Es geht schneller, wenn man einen Schuß Sauermilch oder Joghurt dazugibt. Wenn der Brei fein säuerlich riecht, verdünnt man ihn noch einmal mit $^1/_8$ l lauwarmem Wasser und rührt ihn mit Roggenmehl oder -schrot zu einem dickflüssigen Brei. Noch eine Nacht im verschlossenen Glas warm stellen, am nächsten Tag ist der Sauerteig fertig.

Sauerteig III

In einer großen Schüssel rührt man 30 g Trockenhefe in 1 l lauwarmem Wasser an. Dann gibt man 500 g Weizenmehl und etwas Zucker dazu und läßt den gut verrührten Brei zugedeckt an einem warmen dunklen Platz 1–2 Tage stehen. Wenn man den Sauerteig mit Roggenmehl ansetzt, muß man ca. 50 g Hefe rechnen.

Hefeteigzubereitung

Mehl, Hefe, lauwarme Milch oder lauwarmes Wasser, 1 Prise Zucker, weitere Zutaten je nach Rezept

Das Mehl in eine Schüssel sieben und in die Mitte eine Grube drücken. Die Hefe in wenig lauwarmer Flüssigkeit mit der Prise Zucker auflösen, in die Mehlgrube gießen und mit etwas Mehl verrühren, bis ein flüssiger Teig entsteht. Diesen zugedeckt an einen warmen, aber nicht heißen Ort stellen. Dieser Teig wird Hefestück oder Vorteig oder Dampferl genannt. Man kann ihn auch gesondert in einem kleinen Gefäß zubereiten und wenn er darin genügend gegangen ist, zu dem Mehl mit allen anderen Zutaten beigeben. Wichtig ist zu wissen, daß an diesen Vorteig niemals Salz oder irgendein Fett gegeben werden darf. Der aufgegangene Vorteig wird nach etwa 10–15 Minuten mit dem übrigen Mehl vermengt, Salz, restliche lauwarme Flüssigkeit, zerlassene, ausgekühlte Butter oder gerührte Butter, Eier, Zucker und andere Zutaten, je nach Rezeptangabe, beigegeben und der Teig geschlagen und geknetet (evtl. mit Küchenmaschine), bis er Blasen wirft und sich von der Schüssel und Hand löst. Zugedeckt stellt man dann die Schüssel wieder an einen warmen Ort und läßt den Teig gehen, bis er sich verdoppelt hat. Weitere Verarbeitung je nach Rezeptangabe.

Roggenbrote

Roggenbrot, einfach

750 g Roggenmehl, etwa 2/3 l warmes Wasser, 15 g Hefe, 100 ml Zitronenwürzmittel (konzentrierter Zitronensaft anstelle von Sauerteig), 1 1/2 EL Salz, etwas gemahlener Kümmel, nach Wunsch Fenchel und Anis

Das Mehl in eine Schüssel sieben. Die Hefe in 1/8 l warmem Wasser auflösen und mit allen Zutaten unter das Mehl mischen. Es soll ein nicht zu fester Teig entstehen. Diesen 15 Minuten zugedeckt ruhen lassen und dann zu einem Laib formen, in Mehl wälzen und auf ein Tuch legen. Mit dem Tuch in eine passende Form geben und etwa 50 Minuten zugedeckt an einem warmen Ort gären lassen. Danach auf ein gefettetes Backblech kippen und im vorgeheizten Rohr backen. Ergibt 1000 g Brot.

Vorhitze: 270°; Backhitze: 200°; Backzeit: etwa 60 Minuten. Wird eine Backform verwendet, dauert die Gärzeit 15 Minuten länger. Ebenso verlängert sich die Backzeit um etwa 30 Minuten.

Roggenbrot mit Kümmel

2 Tassen Milch, 2 EL brauner Rohzucker, 1 TL Salz, 2 EL Margarine, 1 Päckchen Hefe, 1/4 Tasse lauwarmes Wasser, 6 Tassen gesiebtes Roggenmehl, 1 1/2 Tassen gesiebtes Vollweizenmehl, 2 EL Kümmel – zum Bestreichen: *1 EL zerlassene Butter*

Milch, Zucker, Salz und Margarine bis vor den Kochpunkt erhitzen und abkühlen lassen. Die Hefe in lauwarmem Wasser auflösen und mit der abgekühlten Milch vermischen. Alles gut verrühren, nach und nach die Hälfte des Roggenmehls zugeben und mit einem Schneebesen glattschlagen. Wenn sich der Teig

nicht mehr mit dem Schneebesen schlagen läßt, wird das restliche Roggenmehl löffelweise eingerührt, dann der Teig zugedeckt und zum Gehen etwa 2 Stunden an einen warmen Ort gestellt. Danach gibt man ihn auf ein mit Mehl bestäubtes Brett und arbeitet das Weizenmehl ein, bis der Teig ganz glatt ist. Dann teilt man den Teig in zwei gleiche Teile und gibt jede Hälfte in eine gut mit Öl ausgestrichene Kastenform. Die Oberfläche der Brote mit zerlassener Butter bestreichen und zugedeckt nochmals gehen lassen. Der Teig muß sich verdoppeln. Auf der untersten Stufe im vorgeheizten Rohr backen. Die abgekühlten Brote nochmals mit Butter bestreichen.
Vorhitze: 210° – das Brot bei dieser Temperatur 15 Minuten backen, dann auf Backhitze: 190° zurückschalten.
Backzeit: ca. 45 Minuten.

Kümmelbrot

1 kg Roggenmehl (Type 1317), 40 g Hefe, 3/4 l lauwarmes Wasser, 30 g Salz, 50 g Kümmel

Das Mehl in eine Schüssel sieben und in die Mitte eine Grube drücken. Die Hefe in dem lauwarmen Wasser auflösen, nach und nach in die Mehlgrube gießen und mit dem Mehl verrühren, bis ein glatter Teig entsteht. Den Teig mit etwas Mehl bestäuben, zudecken und an einem warmen Ort aufgehen lassen. Danach Salz und Kümmel einarbeiten und den Teig nochmals gut durchkneten. Wiederum zugedeckt mindestens 1 Stunde gehen lassen. Auf einem bemehlten Brett ein rundes flaches Brot formen, auf ein gefettetes Blech legen und 20 Minuten ruhen lassen. Bevor das Brot in die vorgeheizte Backröhre kommt, die Oberfläche mit einem scharfen Messer kreuzweise einritzen. Beim Einschieben in die Röhre gleichzeitig 1/2 Tasse Wasser vorsichtig auf den Boden der Backröhre gießen, damit Wasserdampf entsteht. Nach 5 Minuten den Ofen kurz öffnen, auf Mittelhitze zurückschalten und das Brot langsam backen.
Vorhitze: 220°; Backhitze: 190°; Backzeit: ca. 100 Minuten.

Fränkisches Bauernbrot

300 g Sauerteig, 1/2 l lauwarmes Wasser, 1 kg Roggenmehl, 2 EL Salz, 1 EL Fenchelsamen — zum Bestreuen: *etwas Mohn*

Am Vortag den Sauerteig mit 1/4 l Wasser und etwas Mehl anrühren und an einem warmen Ort zugedeckt über Nacht gehen lassen. Am nächsten Tag das restliche lauwarme Wasser, Mehl, Salz und Fenchel dazugeben und den Teig gründlich durchkneten, mit Mehl bestäuben und zugedeckt etwa 1–2 Stunden in der Wärme gehen lassen. Dann auf einem bemehlten Brett einen runden Laib formen, auf ein gefettetes und bemehltes Blech legen und ihn noch einmal mindestens 15 Minuten gehen lassen. Vor dem Backen mit reichlich lauwarmem Wasser begießen, mit Mohn bestreuen und in das vorgeheizte Rohr auf die unterste Schiene stellen. Die ersten 30 Minuten bei der angegebenen Vorhitze backen, dann auf Mittelhitze schalten. Nach dem Backen das Brot mit Wasser bestreichen.
Vorhitze: 250°; Backhitze: 200°; Backzeit: ca. 80 Minuten.

Hausbrot

(Altbayerisches Originalrezept)

3 Kilo Roggenmehl in eine große Schüssel geben, von dem für diese Menge nötigen Sauerteig in der Mitte des Mehles ein Dämpfel machen, den Sauerteig jedoch noch vorher mit einem 1/2 l gut warmem Wasser verdünnen. Dieses soll abends zwischen 19 und 20 Uhr geschehen. Nun läßt man das Dämpfel an einem warmen Ort zugedeckt stehen. Am anderen Morgen um 7 Uhr gießt man einen guten Liter warmes Wasser daran, ferner 2 Handvoll Salz, Kümmel und Fenchel nach Belieben (etwa je eine Handvoll). Man knetet den Teig nun so lange in der Schüssel ab, bis er sich von den Fingern löst. Dann

in der Schüssel bis 10 Uhr gehen lassen, auf das Nudelbrett geben und, je nach den Backkörben, länglich oder rund formen, diese Körbe zuerst mit Mehl, dann mit Kümmel oder Fenchel bestreuen und den Wecken hineinlegen, mit einem Tuch zudecken und zum Bäcker bringen. Dort müssen sie abermals bis 12 Uhr gehen, dann werden sie gebacken.

Bauernbrot

1 1/2 kg Roggenmehl, 1/4 l Sauerteig, 3/4 l lauwarmes Wasser, 3 EL Salz, 2 EL Kümmel, 1 EL Fenchel

Den Teig setzt man am Vorabend an. Das Mehl in eine passende Schüssel sieben und in die Mitte eine Grube drücken. In diese den Sauerteig und 1/4 l lauwarmes Wasser geben und so viel Mehl dazu rühren, daß ein dicklicher Pfannkuchenteig entsteht. Diesen läßt man zugedeckt über Nacht an einem warmen Ort stehen. Am nächsten Tag fügt man 1/2 l lauwarmes Wasser nach, gibt Salz, Kümmel und Fenchel bei und knetet den Teig so lange, bis er sich von der Hand löst. Dann gibt man den Teig auf ein bemehltes Brett, teilt ihn in zwei Hälften und knetet jede Hälfte einzeln nochmals gut durch. Er muß ganz geschmeidig sein. Nun gibt man die beiden Teile wieder zusammen, legt sie in die Schüssel, deckt sie zu und läßt den Teig etwa 2 1/2 Stunden ruhen. Danach wird er nochmals geknetet, in seine endgültige Form gebracht und in einen bemehlten Backkorb oder auf ein bemehltes Brett gegeben. Das Brot muß noch mal 2 Stunden gehen. Dann wird es mit Wasser bestrichen, mit einer Gabel gestupft und kommt auf ein mit Fett bestrichenes Backblech. Auf die unterste Stufe in den vorgeheizten Backofen stellen.

Vorhitze: 250°; Backhitze: 200°; Backzeit: ca. 70 Minuten. Die letzten 5 Minuten Hitze ganz abschalten.

Brot aus gebrühtem Teig

Diese Zubereitungsart müssen Sie anwenden, wenn Sie Ihr selbstgebackenes Brot lange frisch erhalten wollen. Heute kommt es nur für Haushalte in Betracht, die über kein Gefriergerät verfügen. Allerdings dürfen Sie Brote aus gebrühtem Teig erst 2—3 Tage nach dem Backen anschneiden.

Roggenbrot aus gebrühtem Teig

1 kg Roggenmehl, knapp 1/2 l kochendes Wasser, 5 g Hefe, 1 EL Sauerteig, 1 EL Salz, nach Wunsch 1 EL Kümmel oder 1 TL flüssiges Kümmelgewürz

Das Mehl in eine Schüssel geben, in die Mitte eine Grube drücken und das kochende Wasser hineingießen. Von der Mitte aus einen Mehlbrei anrühren und einen Mehlrand stehen lassen. Den Brei auskühlen lassen, bis er lauwarm ist. Während dieser Zeit öfters den Brei umrühren. Sollten Klümpchen entstanden sein, so vergehen diese später beim Kneten. Die in lauwarmem Wasser aufgelöste Hefe und den Sauerteig in den Brei arbeiten, mit Mehl bestreuen und ihn über Nacht gehen lassen. Am anderen Tag das in Wasser aufgelöste Salz und evtl. Kümmel beifügen und den Teig wie üblich sehr gut durchkneten, bis er ganz geschmeidig ist und sich von den Händen löst. Nun eine Teigkugel formen und diese zugedeckt etwa 1 Stunde gehen lassen. Danach wenden, mit der oberen Seite nach unten auf ein bemehltes Tuch setzen und ein Brot formen. In das Tuch einschlagen und noch mal kurze Zeit ruhen lassen. Dann auf ein gefettetes Backblech setzen, mit einer Gabel öfters einstechen, auf die untere Schiene des vorgeheizten Backofens schieben. Etwas Wasser auf den Boden der Backröhre gießen, damit genügend Dampf entsteht und das Brot hoch aufgeht. Das fertige noch heiße Brot mit gekochtem Stärkemehl bestreichen, damit es einen schönen Glanz bekommt.

Vorhitze: 10 Minuten auf 250°; Backhitze: 200°; Backzeit: ca. 50 Minuten.

Zwiebelbrot

1250 g schwarzes Mehl, 250 g Roggenmehl, 50 g Hefe, 3/4 l lauwarmes Wasser, 2 EL Salz, 150 g kleingeschnittene geröstete Zwiebeln (auch Fertigprodukt), 1 TL gemahlener Kümmel

Beide Mehle in einer Schüssel mischen. Die Hefe in 1/8 l lauwarmem Wasser auflösen. In die Mitte des Mehles eine Grube drücken und die aufgelöste Hefe hineingießen und mit etwas Mehl verrühren. Diesen Vorteig zugedeckt 30 Minuten gehen lassen. Dann das restliche Wasser, Salz, Zwiebeln und nach Wunsch Kümmel beigeben und alles mit Mehl gut verkneten, daß ein fester Teig entsteht, der sich von der Schüssel löst. Den Teig mit Mehl bestäuben, zudecken und an einem nicht zu warmen Ort 4 Stunden gehen lassen. Dann auf einem bemehlten Backbrett einen runden oder länglichen Laib formen und auf ein gefettetes Blech setzen. Nochmals 20 Minuten gehen lassen. Mit Wasser bestreichen und in der vorgeheizten Röhre backen. Das aus dem Ofen kommende Brot wieder mit Wasser bestreichen.
Backhitze: 220°; Backzeit: ca. 60 Minuten.

Schinkenbrot

Die gleichen Zutaten – nur anstelle der Zwiebeln 150 g roher, gewürfelter Magerschinken – und die gleiche Zubereitung wie beim Zwiebelbrot.

Roggen-Zwiebelbrot

250 g feingeschnittene Zwiebeln, 50 g Schweineschmalz, 500 g Roggenmehl, 40 g Hefe, 1/4 l lauwarme Milch, 1/2 TL Zucker, 1 TL Salz

In dem heißen Schweineschmalz die Zwiebeln bräunen und abkühlen lassen. Das Mehl in eine Schüssel sieben und in die Mitte eine Grube drücken. Die Hefe mit dem Zucker in einigen Löffeln der lauwarmen Milch auflösen, in die Mehlgrube gießen und mit etwas Mehl vermischen. Das Hefestück zugedeckt einige Minuten gehen lassen. Nach und nach die restliche Milch, Salz, abgekühlte Zwiebeln beigeben und den Teig gut abarbeiten, bis er geschmeidig ist und sich von der Schüssel löst. Mit etwas Mehl bestäuben, mit einem Tuch bedecken und an einem warmen Ort etwa 30 Minuten gehen lassen. Wenn sich der Teig verdoppelt hat, auf einem bemehlten Brett nochmals durchkneten und zu einem runden Laib formen. Auf ein gefettetes Blech legen, mit einem Kochlöffelstiel sternförmig eindrücken und mit einem leicht bemehlten Tuch bedecken. 30 Minuten an einem warmen Ort gehen lassen. Mit Wasser bestreichen und in die vorgeheizte Röhre auf der Mittelschiene schieben. 1/2 Tasse Wasser mit dazustellen. Das fertige Brot mit Wasser bestreichen.
Backhitze: 220°; Backzeit: ca. 50 Minuten.

Roggen-Sauerkrautbrot

Zutaten und Zubereitung wie Roggen-Zwiebelbrot, nur anstelle der Zwiebeln 250 g kleingeschnittenes, mit Zwiebeln gedünstetes, trockenes Sauerkraut verwenden.
Nach Wunsch kann das Roggen-Sauerkrautbrot mit Kümmel gewürzt werden.

Mischbrote

Mischbrot mit Sauerteig

$1^1/_4$ kg Roggenmehl, $1^1/_4$ kg Weizenmehl, 4 EL Sauerteig, etwa 1 l lauwarmes Wasser, 2 EL Salz, 1 EL Kümmel

Am Vorabend die Mehle in eine große Schüssel sieben und mit dem Kümmel vermischen. In die Mitte eine Grube drücken und den Sauerteig und etwa 1 l lauwarmes Wasser hineingeben. Mit etwas Mehl zu einem dicklichen Pfannkuchenteig verrühren. Etwas Mehl darüberstreuen, die Schüssel zudecken und über Nacht an einen warmen Ort stellen. Am anderen Tag das mit etwas lauwarmem Wasser aufgelöste Salz beifügen und den Teig – am besten mit geballten Fäusten – durchkneten. Er muß ganz geschmeidig sein und sich von der Schüssel und den Händen lösen. Sollte der Teig zu schwer zum Kneten sein, hilft es, wenn man die Hände ab und zu mit lauwarmem Wasser befeuchtet. Den glatten Teig zu einer Kugel formen, in die Schüssel legen und zugedeckt eine Stunde gehen lassen. Danach die Teigkugel mit der unteren Seite nach oben auf ein bemehltes Tuch legen, das Brot formen, in das Tuch einschlagen und nochmals gehen lassen. Dann auf ein gefettetes Blech legen, mit lauwarmem Wasser bestreichen, mit einer Gabel mehrmals einstechen und auf die untere Stufe in die vorgeheizte Backröhre stellen. Dabei 1 Tasse Wasser auf den Boden der Backröhre gießen und das Rohr so rasch als möglich schließen. Nach 5 Minuten den Dampf schnell ablassen und die Temperatur zurückschalten. Das fertige Brot mit gekochtem, dünnem Stärkewasser bestreichen, um einen schöneren Glanz zu erzielen. Vorhitze: 250°; Backhitze: 200°; Backzeit: ca. 70 Minuten, während der letzten 10 Minuten die Backhitze abschalten.

Mischbrot mit Hefe

1 kg Roggenmehl, 1 1/2 kg Weizenmehl, 30 g Hefe, 1 l lauwarmes Wasser, 2 EL Salz, 1 EL Kümmel (kann auch wegbleiben)

Zubereitung wie Mischbrot mit Sauerteig.

Mischbrot, einfach

Je 250 g Weizen- und Roggenmehl, 10 g Hefe, etwa 3/8 l warmes Wasser, 40 ml Zitronen-Würzmittel (konzentrierter Zitronensaft anstelle von Sauerteig), 1 gestrichener EL Salz

Das Mehl in eine Schüssel sieben. Die Hefe in 1/8 l warmem Wasser auflösen und mit dem restlichen Wasser sowie allen anderen Zutaten mit dem Mehl verrühren. Es muß ein mittelfester Teig entstehen. Diesen 15 Minuten zugedeckt stehen lassen. Danach zu einem Laib oder langen Brot formen und auf ein mit Mehl bestäubtes Tuch legen. Um die Form des Brotes zu erhalten, legt man es mit dem Tuch entweder in eine runde Schüssel oder eine längliche Bratpfanne oder Kastenform, deckt es zu und läßt es etwa 50 Minuten gären. Danach kippt man es auf ein gefettetes Backblech, schneidet die Oberfläche ein (Verhinderung von Krustenbildung) und stellt es auf die untere Stufe des vorgeheizten Backrohres. Ergibt ein Brot von 750 g.

Vorhitze: 250°; Backhitze: 200°; Backzeit: ca. 60 Minuten. Wird eine Backform verwendet, dauert die Gärzeit 15 Minuten länger; ebenso wird die Backzeit um 10 Minuten verlängert und die Backhitze auf 210° geschaltet.

Ringbrot

250 g Roggenmehl, 250 g Weizenmehl, 1 Tasse Sauerteig, 1 EL Salz, 1/2 l warmes Wasser — zum Bestreuen: *Kümmel oder Koreander*

In einer passenden Schüssel Roggen- und Weizenmehl mit dem Salz gut vermischen. Den Sauerteig mit etwas Wasser verrühren, mit dem Mehl und dem restlichen Wasser zu einem festen Teig verarbeiten und diesen sehr gut kneten. Dann zugedeckt an einem warmen Ort 4 Stunden aufgehen lassen. Auf einem bemehlten Brett einen Laib formen, diesen etwa 2 cm dick ausrollen, in der Mitte ein Loch machen und von da aus den Teig gleichmäßig nach außen schieben, bis ein schöner Ring entsteht. Auf ein gefettetes Blech legen, zugedeckt nochmals 15 Minuten gehen lassen, mit Wasser bestreichen und in der vorgeheizten Röhre backen.
Backhitze: 190°; Backzeit: ca. 50 Minuten.

Alpen-Landbrot

40 g Hefe, reichlich 1/2 l lauwarmes Wasser, 200 g Mehl (Type 1050), 600 g Mehl (Type 815), 200 g Landbrotroggen (kein Salz!)

Die Hefe in der Hälfte der Flüssigkeit auflösen, das Mehl in eine Schüssel sieben und vermischen. Aufgelöste Hefe und die restliche Flüssigkeit beigeben und alles gut verkneten. Zugedeckt 1 Stunde gehen lassen. Danach auf einem bemehlten Tuch einen runden Laib formen und mit dem Tuch in eine runde Schüssel legen. Mit den Tuchecken die Oberfläche bedecken. 30 Minuten gehen lassen. Dann auf ein gefettetes Blech kippen und in der vorgeheizten Röhre, bei abfallender Hitze, backen.
Vorhitze: 220°; Backhitze: 200°; Backzeit: ca. 60 Minuten. Das Brot noch heiß mit gekochtem dünnen Stärkemehl bestreichen, um einen schönen Glanz zu erzielen.

Weizenmischbrot nach Schweizer Art

700 g Weizenmehl, 300 g Roggenmehl, 30 g Zitronensäure (Fertigsäure), 60 g Hefe, 20 g Salz, 0,7 l handwarmes Wasser

Weizen- und Roggenmehl in eine Schüssel geben, mit Zitronensäure und Salz gut vermischen. Die Hefe in einem Teil der angegebenen Wassermenge auflösen, in das Mehl rühren und zusammen mit dem restlichen Wasser alles zu einem geschmeidigen Teig verarbeiten. Falls vorhanden, mit dem Knethaken einer Küchenmaschine 5 Minuten laufen lassen. Ohne Maschine den Teig sehr gut abarbeiten und dann zugedeckt etwa 20 Minuten gehen lassen. Danach auf einem mit Roggenmehl bestäubten Tuch ein längliches Brot formen, mit dem Tuch in eine passende Kastenform legen und leicht bedeckt etwa 30 Minuten gehen lassen. Das Brot auf ein leicht gefettetes Blech stürzen und von Knust zu Knust einmal einritzen. Im vorgeheizten Rohr auf die untere Schiene stellen. Auf gute Krustenbildung achten.
Vorhitze: 230°; Backhitze: 190°; Backzeit: ca. 45 Minuten.

Frankenlaib

300 g Grundsauer, 100 g Mehl (Type 1600), 100 g Mehl (Type 550), 600 g Roggenmehl, 15 g Hefe, ca. 3/4 l lauwarmes Wasser, 1 1/2 EL Salz, 1 EL gemahlener Kümmel

Grundsauer mit etwas warmem Wasser anrühren, die Hefe in etwas lauwarmem Wasser auflösen. Die verschiedenen Mehle in eine Schüssel sieben, in die Mitte eine Grube drücken. Sauerteig und Hefe hineingeben und mit etwas Mehl verrühren. Zudecken und diesen Vorteig 30 Minuten gären lassen. Dann mit Salz und Kümmel würzen, alles gut verkneten und nach und nach das Wasser beigeben, bis ein geschmeidiger

Teig entsteht. Diesen zugedeckt an einem warmen Ort 2 Stunden gehen lassen. Danach auf einem bemehlten Tuch einen Laib formen und mit dem Tuch in eine passende runde Schüssel legen. Mit den Tuchenden bedecken und eine weitere Stunde gehen lassen. Auf ein gefettetes Blech kippen und im vorgeheizten Ofen backen. Beim Einschieben des Brotes 1 Tasse Wasser in den Ofen gießen (damit Dampf entsteht), nach 10 Minuten den Ofen kurz öffnen (damit der Dampf entweicht). Backhitze: 250°; Backzeit: ca. 60 Minuten — bei abgeschalteter Temperatur das Brot noch 10 Minuten in der Röhre stehen lassen.

Wenn das Brot aus dem Ofen kommt, mit gekochtem Stärkebrei bestreichen.

Delikates Gewürzbrot

Je 250 g Roggen- und Weizenmehl, 1 Päckchen Hefe, 1 Msp. Zucker, 1/4 l lauwarmes Wasser, je 2 EL Petersilie, Dill, Schnittlauch, Estragon, alle Kräuter fein gehackt, je 1 TL Salz, Kümmel, Kardamom und getrocknetes Basilikum, 80 g sehr weiche Margarine — zum Bestreichen: *2 EL flüssige Butter*

Roggen- und Weizenmehl in einer Schüssel mischen, in die Mitte eine Grube drücken. Hefe und Zucker in etwas warmem Wasser auflösen, in die Grube gießen und mit etwas Mehl verrühren. Zugedeckt 15 Minuten gehen lassen. Danach restliches Wasser, Kräuter, Salz, Gewürze und die Margarine beigeben und alles zu einem geschmeidigen Teig verarbeiten. Den Teig auf ein bemehltes Brett legen, einen länglichen Laib formen, in ein bemehltes Tuch lose einschlagen und 30 Minuten gehen lassen. Dann den Brotlaib auf ein gefettetes Blech legen, mit einem Messer schräge Einschnitte in die Oberseite machen, mit 1 EL Butter bestreichen und in die vorgeheizte Röhre auf die mittlere Schiene schieben.

Vorhitze: 220°; Backhitze 200°; Backzeit: ca. 60 Minuten.

Finnisches Mischbrot

100 g Hefe, 2 EL brauner Zucker, 3/8 l lauwarmes Wasser, 200 g Weizenmehl, 200 g Weizenschrot, 200 g Roggenmehl, 200 g Roggenschrot, 30 g Butter oder Margarine, 1 EL Salz, 1 TL gemahlener Kümmel, 1 TL gemahlener Koriander — zum Bestreuen: *1 EL Korianderkörner*

Hefe mit dem Zucker in 1/8 l lauwarmem Wasser auflösen und 10 Minuten gehen lassen. In einer passenden Schüssel die Mehl- und Schrotsorten vermischen, die aufgegangene Hefe, das restliche Wasser, zerlassenes Fett, Salz und Gewürze beigeben und alles zusammen gut verkneten, bis sich der Teig von der Schüssel löst. Dann zugedeckt 20 Minuten an einem warmen Ort gehen lassen. Dann auf einem bemehlten Brett nochmals durchkneten, einen runden Laib formen und diesen auf einem bemehlten Tuch in eine passende runde Schüssel legen. Mit den Tuchecken bedecken und zum Aufgehen etwa 1 Stunde lang an einen warmen Ort stellen. Danach auf ein gefettetes Blech kippen, mit Wasser bestreichen und mit Koriander bestreuen. Die Körner leicht eindrücken. In der vorgeheizten Röhre backen.
Backhitze: 180°; Backzeit: ca. 75 Minuten.

Norwegisches Bauernbrot

600 g Weizenmehl (Typ 1050), 300 g Roggenmehl (Typ 1370), 50 g Hefe, etwa 3/8 l lauwarmes Wasser, 1/2 Tasse Rübenkraut (Sirup), 1 EL Salz, je 1/2 TL Kümmel und zerstoßener Anis, 1 Msp. Kardamom

Das Mehl in eine Schüssel sieben, gut vermischen und in die Mitte eine Grube drücken. Die Hefe in 1/8 l lauwarmem Wasser auflösen, in die Grube gießen und mit etwas Mehl verrühren. 5 Minuten zugedeckt stehen lassen. Dann nach und nach das

restliche Wasser, Rübenkraut, Salz und die Gewürze einarbeiten und den Teig so lange schlagen, bis er sich von der Schüssel löst. Zugedeckt an einem warmen Ort gehen lassen, bis er sich verdoppelt hat. Danach auf einem bemehlten Brett durchkneten, einen länglichen Laib formen, mit Mehl bestäuben und auf ein gefettetes Blech legen. 20 Minuten gehen lassen. Mit einem scharfen Messer oder einer Schere 3–4 mal schräg einschneiden und in die vorgeheizte Röhre auf die untere Schiene stellen. Eine Tasse heißes Wasser vorsichtig auf den Boden gießen und die Ofentür rasch schließen. Nach 15 Minuten die Tür kurz öffnen, den Dampf ablassen und das Brot fertig backen.
Backhitze: 200°; Backzeit: ca. 60 Minuten.

Hausbrot mit Kartoffeln

500 g in der Schale gekochte Kartoffeln, 3/4 l sehr heißes Wasser, 40 g Salz, 1 EL Fenchel oder Kümmel, 30 g Hefe, 1000 g Roggenmehl, 1000 g Weizenmehl

Kartoffeln schälen und noch heiß durch die Kartoffelpresse drücken oder passieren. Mit dem heißen Wasser verrühren, Salz und Gewürz beigeben. Das Gemenge so lange rühren, bis es lauwarm ist. Die Hefe in etwas lauwarmem Wasser auflösen, mit wenig Mehl verrühren und das Hefestück gehen lassen. Roggen- und Weizenmehl in einer großen Schüssel mischen, gegangenes Hefestück und Kartoffelgemenge beigeben und alles zu einem festen Teig verarbeiten. Auf einem bemehlten Brett noch sehr gut durchkneten. Dann 2 runde Laibe daraus formen und jeden in eine mit einem bemehlten Tuch ausgelegte runde Schüssel legen, zudecken und über Nacht gehen lassen. Am anderen Tag auf ein gefettetes Blech legen und in der vorgeheizten Röhre, unter öfterem Bestreichen mit Wasser, gleichmäßig backen.
Backhitze: 200°; Backzeit: ca. 75 Minuten.

Wiener Hausbrot

1000 g Roggenmehl, 500 g Weizenmehl, 30 g Hefe, 1/4 l lauwarmes Wasser, 100 g Sauerteig, 1/2 l warmes Wasser, 40 g Salz, 10 g Kümmel

Roggen- und Weizenmehl in einer großen Schüssel mischen und warm stellen. Die Hefe mit 1/4 l lauwarmem Wasser und ein wenig Mehl verrühren, es soll ein weicher Teig entstehen, und diesen zugedeckt gehen lassen. Den Sauerteig mit 1/2 l warmem Wasser absprudeln und gleichzeitig mit dem aufgegangenen Hefestück, Salz und Kümmel zum erwärmten Mehl geben und mit den Händen den Teig sehr gut kneten, bis er ganz glatt ist. Wenn nötig noch etwas warmes Wasser beigeben. Ein Brett mit Roggenmehl bestreuen und den Teig nochmals kräftig abarbeiten. Der Teig muß sehr fest sein. Dann 2 Wecken formen, auf ein gefettetes Blech setzen und zugedeckt mit einem leicht bemehlten Tuch 1 Stunde an einem warmen Ort gehen lassen. Mit Wasser bestreichen und in die vorgeheizte Röhre stellen. Das fertige Brot nochmals mit Wasser bestreichen. Vorhitze: 250°; Backhitze: 190°; Backzeit: ca. 60 Minuten, die letzten 10 Minuten den Ofen abschalten.

Junggesellenbrot

300 g Roggenmehl, 450 g Weizenmehl, 1 Päckchen Hefe, 15 g Zitronensäure (Fertigsäure), 1 TL Salz, 1 Prise Zucker, 1/2 l handwarmes Wasser

Roggen- und Weizenmehl in eine Schüssel geben, mit Zitronensäure und Salz gut vermischen. Die Hefe in einem Teil der angegebenen Wassermenge mit dem Zucker auflösen, in das Mehl rühren und zusammen mit dem restlichen Wasser zu einem geschmeidigen Teig verarbeiten. Falls vorhanden, mit dem Knethaken einer Küchenmaschine 5 Minuten laufen lassen,

ohne Maschine den Teig sehr gut abarbeiten. Den fertigen Teig zugedeckt etwa 20 Minuten gehen lassen, dann auf einem gut bemehlten Tuch einen runden Laib formen, mit dem Tuch in eine passende runde Schüssel legen und leicht bedeckt etwa 30 Minuten gehen lassen. Den Laib mit der Rundung nach oben auf ein leicht gefettetes Blech stürzen, mit einer Gabel etwas einstupfen und in das vorgeheizte Rohr auf die untere Schiene schieben. Das fertig gebackene Brot mit etwas kaltem Wasser bestreichen.
Vorhitze: 250°; Backhitze: 190°; Backzeit: ca. 45 Minuten. Noch 5 Minuten im abgeschalteten Rohr stehen lassen.

Bierbrot

750 g Roggenmehl (Type 1370), 250 g Weizenmehl (Type 1050), 40 g Hefe, 1 Msp. Zucker, 1/2 Tasse lauwarmes Wasser, 1/2 l helles, lauwarmes Exportbier, 1 EL Salz

Die beiden Mehlarten in eine Schüssel sieben und vermischen. In die Mitte eine Grube drücken und die mit Zucker in dem lauwarmen Wasser aufgelöste Hefe hineingießen und mit etwas Mehl verrühren. Das lauwarme Bier nach und nach einrühren, den Teig salzen und kräftig durchkneten, bis er Blasen wirft und sich von der Schüssel löst. Den Teig mit etwas Mehl bestäuben, zudecken und an einem warmen Ort etwa 30 Minuten gehen lassen. Der Teig muß sich verdoppeln. Dann auf einem bemehlten Brett kurz durchkneten, eine Rolle von etwa 30 cm Länge formen, diese mit einem bemehlten Tuch zudecken und 50 Minuten ruhen lassen. Danach auf ein gefettetes Blech legen, an jedem Ende einmal schräg einschneiden und in der vorgeheizten Röhre auf die untere Stufe schieben. Eine Tasse heißes Wasser mit auf das Blech stellen. Nach 15 Minuten Backzeit den Ofen kurz öffnen, damit der Dampf entweichen kann. Das fertige Brot mit Wasser bestreichen.
Backhitze: 200°; Backzeit: ca. 75 Minuten.

Angeschobenes Brot

Diese Bezeichnung ist zurückzuführen auf die angeschobene Backweise, die besonders bei der ländlichen Bevölkerung in Norddeutschland und Westfalen gebräuchlich ist. Es handelt sich dabei um ein Roggenmischbrot, meist mit 20–50 % Weizenanteil, aus Mehlen von 70–80 %iger Ausmahlung. Das Brot hat eine rechteckige Form – wie das Kommißbrot – eine dunkle Oberfläche und krustenlose, helle Seitenflächen. Denn um den Backofen auszunutzen, werden immer zwei Brote nebeneinander gebacken. Damit man sie nach dem Backen voneinander lösen kann, werden die Seitenflächen mit Trennfett bestrichen. Trennfett oder Trennmasse erhält man nur vom Bäcker; notfalls kann man sich mit Schweineschmalz oder Öl behelfen. Doch ganz tadellos ist die Trennung der Brote dann nach dem Backen nicht.
Liebhaber dieser Brote sollten sich 4 Blechplatten von etwa 12 cm Breite besorgen. 2 Bleche sollten die Länge und zwei die Breite eines Backblechs haben. Auch diese Bleche müssen vor dem Backen mit Trennfett bestrichen werden. Mit diesen Blechen kann man 2 große Brote (von etwa 5 kg Mehl) backen. Dadurch spart man Zeit und Energien, denn angeschobenes Brot hat nahezu die doppelte Backzeit gegenüber freigeschobenen Broten.
Die Haltbarkeit angeschobener Brote ist begrenzter als die der freigeschobenen, weil die Seitenflächen zum Austrocknen und zur Schimmelanfälligkeit neigen.

Je 1¼ kg Roggen- und Weizenmehl, 30 g Hefe, 1 l lauwarmes Wasser, 2 EL Salz

Beide Mehle in eine Schüssel sieben und gut vermischen. In die Mitte eine Grube drücken. Die Hefe in dem lauwarmen Wasser auflösen, in die Mehlgrube gießen und ein Hefestück ansetzen. Das restliche Mehl am Rande stehen lassen. Zudecken und über Nacht langsam gehen lassen. Am anderen Tag das in etwas

lauwarmem Wasser aufgelöste Salz zugeben und den Teig – am besten mit geballten Fäusten – durchkneten. Nur wenn nötig noch etwas Wasser beigeben. Der Teig muß geschmeidig werden und sich von der Schüssel und den Händen lösen. Dann eine Teigkugel formen und zugedeckt etwa 1 Stunde gehen lassen. Danach auf einem bemehlten Brett ein langes Brot formen. Es darf keine Risse aufweisen. Locker (damit es die Form behält) in ein bemehltes Tuch einschlagen und nochmals gehen lassen, bis es die richtige Beschaffenheit zum Backen bekommen hat. Dann das Brot aus dem Tuch nehmen, auf ein leicht gefettetes Blech setzen, mit lauwarmem Wasser bestreichen und mit einer Gabel mehrere Einstiche machen. Das Brot in den gut vorgeheizten Backofen schieben – auf die unterste Stufe – 1 Tasse Wasser untergießen, damit reichlich Dampf entsteht, und das Rohr rasch schließen. Nach einigen Minuten das Rohr *kurz* öffnen, damit wieder etwas Dampf ausströmen kann. Dann erst auf die gewünschte Backtemperatur zurückschalten. Das fertig gebackene Brot mit etwas dünnem, gekochtem Stärkewasser bestreichen.
Vorhitze: 250°; Backhitze: 190°; Backzeit ca. 110 Minuten.

Roggen- und Weizenschrotbrote

Schrotmischbrot

750 g Roggenschrot, 250 g Weizenmehl, 1/3 l lauwarmes Wasser, etwa 1/4 l heißes Wasser (50°), 15 g Hefe, 100 ml Zitronen-Würzmittel (konzentrierter Zitronensaft anstelle von Sauerteig), 1 EL Honig, 1 gehäufter EL Salz

500 g Roggenschrot mit dem lauwarmen Wasser verrühren und bei Zimmertemperatur über Nacht quellen lassen. Das restliche Schrotmehl und Weizenmehl am nächsten Tag hinzufügen. Die mit Honig in etwas warmem Wasser aufgelöste Hefe und alle anderen Zutaten beigeben und alles zu einem mittelfesten Teig verarbeiten. Etwa 30 Minuten den Teig zugedeckt gehen lassen. Zu einem Laib formen, diesen in Schrot wälzen und auf ein Tuch legen. Mit dem Tuch in eine passende Form geben und etwa 50 Minuten zugedeckt gären lassen. Auf ein gefettetes Backblech kippen und in der vorgeheizten Röhre backen. Ergibt ein Brot von 1500 g.
Vorhitze: 270°; Backhitze 200°; Backzeit: ca. 70 Minuten.

Norwegisches Schwarzbrot

750 g Schrotmehl, 750 g grobgemahlener Roggen, 50 g Hefe, 1 l lauwarme Magermilch, 1 TL Salz

Grobgemahlenen Roggen in eine Schüssel geben und so viel von der lauwarmen Magermilch darübergießen, daß er gerade bedeckt ist. Etwa 3 Stunden stehen lassen. Nach dieser Zeit das Schrotmehl in eine Schüssel geben und in die Mitte eine Grube drücken. Die Hefe in etwas lauwarmer Milch auflösen, in die Grube gießen und mit etwas Mehl verrühren. Zugedeckt kurz

gehen lassen. Danach den überbrühten Schrot und das Salz beigeben und alles kräftig durchkneten. Der Teig muß geschmeidig sein und sich von der Schüssel lösen. Aus der Schüssel nehmen, die Schüssel mit Mehl bestäuben, den Teig wieder hineinlegen, obenauf ebenfalls mit etwas Mehl bestäuben und zugedeckt an einem warmen Ort gehen lassen, bis er sich verdoppelt hat. Dann auf einem Brett durchkneten, 1 oder 2 Rollen formen, diese in ausgefettete, mit Mehl bestäubte Kastenformen geben und zugedeckt 10 Minuten gehen lassen. In der vorgeheizten Röhre backen.
Backhitze: 200°, bei dieser Temperatur 20 Minuten das Brot backen, dann auf 180° zurückschalten und noch ca. 50 Minuten backen.

Schinkenbrot

250 g Weizenmehl, 250 g Roggen-Kraftschrot, 60 g Hefe, reichlich 1/4 l lauwarmes Wasser, 200 g roher, gewiegter Magerschinken, 1/2 TL Salz, 2 TL getrocknetes Basilikum – zum Bestreuen: *2 EL Edelkleie (aus dem Reformhaus)*

Weizenmehl und Kraftschrot in einer Schüssel gut vermischen. In die Mitte eine Grube drücken und die in etwas lauwarmem Wasser aufgelöste Hefe hineingießen. Mit etwas Mehl verrühren und das Hefestück zugedeckt 10 Minuten gehen lassen. Danach das restliche Wasser zugeben, den Teig gut abschlagen, zum Schluß Schinken und Gewürze einarbeiten. Daraus einen länglichen Laib formen, auf ein gut bemehltes Tuch legen und damit in eine passende Kastenform geben. Zugedeckt etwa 20 Minuten gehen lassen. Dann auf ein gefettetes Blech stürzen, mit Wasser bepinseln und im vorgeheizten Rohr auf der untersten Schiene backen.
Backhitze: bei 250° 10 Minuten, dann bei 200°; Backzeit: ca. 45 Minuten.

Würziges Landbrot

1000 g Roggenmehl, 500 g Schrotmehl, 20 g Hefe, 50 g Sauerteig, lauwarmes Salzwasser nach Bedarf, 1 EL Kümmel oder Fenchel

Roggen- und Schrotmehl in einer Schüssel vermischen, an einen warmen Ort stellen. In die Mitte eine Grube drücken. Die Hefe hineinbröckeln, mit 3 EL lauwarmem Wasser und etwas Mehl verrühren und 10 Minuten gehen lassen. Nach dieser Zeit den mit 1/4 l lauwarmem Wasser verrührten Sauerteig, das gewünschte Gewürz beigeben und so viel lauwarmes Salzwasser nachgießen, daß man einen festen Teig erhält. Diesen sehr gut kneten. 2 längliche Laibe daraus formen, diese auf ein gefettetes Blech legen und zugedeckt mit einem leicht bemehlten Tuch an einem warmen Ort aufgehen lassen. Mit Salzwasser bestreichen und in der vorgeheizten Röhre backen.
Backhitze: 200°; Backzeit: ca. 65 Minuten.

Weizenschrotbrot, einfach

500 g Weizenmehl, 500 g Weizenschrot, 1/4 l lauwarme Milch, 3/8 l lauwarmes Wasser, 30 g Hefe, 1 Msp. Zucker, 1 knapper EL Salz – zum Bestreichen: *etwas Öl*

Weizenmehl und Weizenschrot in einer Schüssel vermischen. Milch und Wasser zusammengießen und darin die Hefe mit dem Zucker auflösen. In die Mitte des Mehles eine Grube drükken und das Milchwasser hineingießen. Mit dem größeren Teil des Mehles verrühren, den restlichen Mehlrand stehen lassen. Die Schüssel zudecken und das Hefestück über Nacht gehen lassen. Am anderen Morgen den Teig gut zusammenkneten, dabei das in lauwarmem Wasser aufgelöste Salz beigeben. Den Teig so lange kneten oder schlagen, bis er ganz geschmeidig

ist. Dann wieder gehen lassen, mindestens 1 Stunde zugedeckt an einem warmen Ort. Auf einem bemehlten Tuch einen länglichen Laib formen, das Tuch locker zusammenschlagen und das Brot kurze Zeit nochmals ruhen lassen. Auf ein gefettetes Blech setzen, mit einem scharfen Messer einschneiden, mit Öl bepinseln und auf die untere Stufe des vorgeheizten Backofens schieben.
Backhitze: 220°; Backzeit: ca. 50 Minuten. Noch 5 Minuten im abgeschalteten Rohr stehen lassen.

Vollkornbrot mit Speck und Zwiebeln

100 g Weizenmehl, 60 g Hefe, 1/4 l Buttermilch, 600 g Weizenschrot, 500 g Roggenmehl, 250 g Roggenkörner, 1 EL Salz, 3/8 l Wasser, 150 g durchwachsener Speck und 200 g Zwiebeln, beides in Würfel geschnitten

Weizenmehl in eine kleine Schüssel geben, Hefe mit angewärmter Buttermilch verrühren und mit dem Mehl zu einem Teig verarbeiten. Diesen zugedeckt über Nacht an einen warmen Ort stellen. Am nächsten Tag Weizenschrot, Roggenkörner und Roggenmehl in einer großen Schüssel vermischen, das Hefestück, Salz, handwarmes Wasser und die mit Zwiebeln ausgebratenen Speckwürfel beigeben und alles zu einem Teig verkneten. Sehr gut durcharbeiten. Auf einem bemehlten Brett einen runden Laib formen, diesen auf ein gefettetes Blech legen und einkerben. Mit einem Tuch bedecken und 30 Minuten gehen lassen. Danach in der vorgeheizten Röhre bei fallender Hitze backen.
Vorhitze: 220°, bei dieser Temperatur das Brot 20 Minuten backen, dann zurückschalten auf 190° und noch 45 Minuten backen.

Weizenschrotbrot (ostpreußisch)

125 g Weizenmehl, 1/8 l lauwarmes Wasser, 40 g Hefe, 500 g Weizenschrot (Weizenkraftmehl Type 1700), 1/4 l heißes Wasser, 1 gestr. TL Salz, 1/8 l Pflanzenöl

Die Hefe in dem lauwarmen Wasser auflösen, mit dem Weizenmehl ein Hefestück anrühren und gehen lassen. Das Schrotmehl mit Salz vermischen und mit dem heißen Wasser überbrühen. Abkühlen lassen, mit dem Hefestück mischen, das Öl einarbeiten und sehr gut durchkneten. Den Brotteig in eine gefettete, mit Mehl ausgestäubte Kastenform füllen und zugedeckt an einem warmen Ort gehen lassen. Danach mit lauwarmem Wasser bepinseln und das Brot in die vorgeheizte Röhre stellen.
Backhitze: 200°; Backzeit: ca. 35 Minuten.

Kraftbrot

500 g Weizenmehl, 150 g Weizenschrot, 40 g Hefe, 4 EL Sauerteig, 1/4 l lauwarme Milch oder Wasser, 2 TL Salz, 1 TL Zucker

Mehl, Weizenschrot und zerbröckelte Hefe in einer großen Schüssel vermischen, den Sauerteig dazugeben, die Milch oder Wasser darübergießen und das Ganze gut vermischen, kräftig durchkneten und mit Salz und Zucker abschmecken. Den Teig zugedeckt 30 Minuten an einem warmen Ort gehen lassen. Anschließend auf einem bemehlten Brett noch einmal gut durchkneten, einen Laib daraus formen und diesen auf ein gefettetes Blech legen. Zugedeckt 20 Minuten gehen lassen und in die vorgeheizte Backröhre auf die unterste Stufe stellen. Nach dem Backen mit Wasser bestreichen.
Backhitze: 200°; Backzeit: ca. 50 Minuten.

Weizenschrotbrot

400 g Weizenschrot, 25 g Hefe, 1 TL Zucker, 1/4 l lauwarmes Wasser, 2 EL Weizenkeime, 2 EL Sojamehl, 1 geriebene rohe Kartoffel, 1 Msp. Salz, 4–6 EL Weizenkleie, nach Bedarf etwas Wasser

Weizenschrot in eine Schüssel geben, in die Mitte eine Grube drücken, die Hefe hineinbröckeln, Zucker darüberstreuen und mit etwas lauwarmem Wasser zu einem Hefestück ansetzen. Wenn dieses gegangen ist, alle Zutaten außer der Weizenkleie beigeben, den Teig gut abschlagen und zum Schluß die Weizenkleie, evtl. mit etwas Wasser, einarbeiten. Den Teig zugedeckt gehen lassen. Danach nochmals, am besten mit der Hand, durchkneten und in eine mit Öl ausgestrichene Kastenform füllen und etwa 15 Minuten aufgehen lassen. In das vorgeheizte Backrohr auf die unterste Stufe schieben.
Backhitze: 180°; Backzeit: ca. 60 Minuten, 10 Minuten noch im ausgeschalteten Ofen stehen lassen.

Spezial- und Reformbrote

Kneippbrot mit Gerste

600 g Weizenmehl, 600 g Schrotmehl, 300 g Gerstenmehl, 50 g Hefe, 1 l lauwarme Magermilch, 1 TL Salz

Alle Mehle in einer Schüssel vermischen, in die Mitte eine Grube drücken. Die Hefe in 1/4 der angegebenen Milchmenge auflösen, in die Grube gießen und mit etwas Mehl verrühren. Zugedeckt 5 Minuten gehen lassen. Dann nach und nach die übrige Milch und das Salz beigeben und den Teig gut abarbeiten, bis er geschmeidig ist und sich von der Schüssel löst. Mit etwas Mehl bestäuben und zugedeckt an einem warmen Ort aufgehen lassen, bis er sich fast verdoppelt hat. Auf einem bemehlten Brett nochmals durchkneten und zu einem länglichen Laib formen. In eine gefettete, mit Mehl bestäubte Kastenform legen und nochmals 15 Minuten gehen lassen. In der vorgeheizten Röhre langsam backen. Wenn das Brot aus dem Ofen kommt, mit Wasser bestreichen.
Backhitze: 190°; Backzeit: ca. 60 Minuten.

Leinsamenbrot

100 g Leinsamen (im Reformhaus erhältlich), etwas kochendes Wasser, 300 g Weizenvollschrot, 200 g Weizenmehl, 30 g Hefe, 1 Msp. Zucker, 1/4 l lauwarme Buttermilch, 2 EL Öl, 1 TL Salz

Leinsamen mit dem kochenden Wasser überbrühen und mindestens 30 Minuten quellen lassen. Inzwischen Weizenvollschrot und Weizenmehl in einer Schüssel nur anwärmen, nicht heiß werden lassen! In der Mitte des Mehls eine Grube drücken,

die in der lauwarmen Buttermilch mit dem Zucker aufgelöste Hefe hineingießen, mit etwas Mehl verrühren und das Hefestück zugedeckt einige Minuten gehen lassen. Danach Öl, Salz und Leinsamen beimischen und den Teig sehr gut durchkneten. Den Teig in der Schüssel zu einem Kloß formen, mit etwas Mehl bestäuben, zudecken und an einen warmen Platz stellen. Wenn sich der Teig verdoppelt hat, wird er auf einem bemehlten Brett kurz durchgeknetet, zu einem länglichen Laib geformt und auf ein gefettetes Backblech gelegt. Mit einer Fleischgabel einige Male einstechen – wie bei einem Mürbteigboden –, mit kaltem Wasser bestreichen und in das kalte Rohr stellen. Nach dem Backen nochmals mit kaltem Wasser bestreichen.
Backhitze: 200°; Backzeit: ca. 60 Minuten.

Frühstücksbrot für Diabetiker

(rund 48 g E, 30 g F, 8 BE)

170 g Diabetikermehl, 10 g Hefe, 1 Ei, 20 g Vitaquell, 30 g Fruchtzucker, etwa 6 EL Wasser, abgeriebene Schale 1/2 Zitrone

Das Mehl kranzförmig in einer Schüssel anhäufen (2 EL zurückbehalten), die Hefe in die Mitte bröckeln, mit 1/2 TL Fruchtzucker bestreuen, 2 EL lauwarmes Wasser darübergießen und an warmer Stelle aufgehen lassen. Das Ei, die lauwarme, zerlassene Vitaquell und den Fruchtzucker nach und nach hineinrühren, nur löffelweise lauwarmes Wasser dazugeben und Zitronenschale hineinreiben. Zuletzt mit dem zurückbehaltenen Mehl den Teig kneten, drei gleichmäßige Rollen formen, einen Zopf flechten, diesen auf ein gefettetes Blech legen und nochmals 15 Minuten gehen lassen. In der vorgeheizten Röhre backen.
Backhitze: 175°; Backzeit: ca. 30 Minuten.

Knäckebrot

Seine Urheimat ist Schweden und Finnland. Es gehört zu den dauerhaften Flachbroten, ist wasserarm, läßt sich sehr leicht brechen. Hergestellt wird es aus ausgemahlenem Weizen- oder Roggenschrot oder aus einer Mischung von beiden; manchmal wird auch noch ein Zusatz von dunklem Brotmehl beigemischt. Der verhältnismäßig dünne Teig wird ohne oder mit nur wenig Hefe oder Sauerteig versetzt. Er muß besonders stark gerührt werden, um den Teig luftig zu machen. Er wird in Fladen bei hoher Temperatur rasch gebacken und anschließend getrocknet. Knäckebrot hat einen relativ hohen Nährwert, wegen seines hohen Krustenanteils wirkt es sättigend.

Knäckebrot (ohne Triebmittel)

200 g Weizenmehl (Type 1700), 250 g Roggenmehl, 1 gestr. TL Salz, 1/2 TL Zucker, 50 g Butter oder Margarine, etwa 3/8 l lauwarme Milch, nach Wunsch 1 EL Kümmel

Beide Mehle mit Salz und Zucker in einer Schüssel gut vermischen, die Butter in Flöckchen darauf verteilen und nach und nach die Milch zugeben. Den Teig gut verkneten, bis er ganz geschmeidig ist und nicht mehr klebt. Dann zugedeckt an einem kühlen Ort etwa 10 Minuten ruhen lassen. Anschließend auf gefettetem Backblech dünn auftragen, am besten mit einem Nudelholz ausrollen und in 7 x 14 cm lange Stücke schneiden. Jedes Teigstück mit einer Gabel mehrmals einstechen und in die gut vorgeheizte Röhre, auf die mittlere Schiene schieben. Nach dem Backen die einzelnen Brotteile sofort auf ein Tuch legen, mit einem anderen Tuch bedecken und auskühlen lassen. Gut verschlossen aufbewahren; kein anderes Brot in denselben Behälter geben.
Vorhitze: 10 Minuten 250°; Backhitze 200°; Backzeit: ca. 30 Minuten

Fladenbrote

Gewürztes Fladenbrot

500 g Roggenmehl, 100 g Roggenschrot (mittelgrob gemahlen), 400 g Weizenmehl, 100 g Hefe, 1/8 l lauwarme Buttermilch, 1 EL Salz, 1 EL Koriander, knapp 1 TL geriebene Muskatnuß, 1/2 TL Nelkenpulver, etwa 1/2 l lauwarmes Wasser

Roggen- und Weizenmehl mit dem Roggenschrot in einer Schüssel vermischen, in die Mitte eine Grube drücken. Die Hefe in der lauwarmen Buttermilch auflösen, in die Mehlgrube gießen und mit etwas Mehl verrühren. Zudecken und 5 Minuten gehen lassen. Nach und nach Salz, die Gewürze und das Wasser beigeben und alles zu einem mittelfesten Teig verarbeiten, der sich zum Schluß gut von der Schüssel lösen muß. Den Teig leicht mit Mehl bestäuben, mit einem Tuch bedecken und an einem warmen Ort etwa 30 Minuten gehen lassen. Der Teig darf sich nicht ganz verdoppeln. Aus dem gegangenen Teig auf einem bemehlten Brett eine Kugel formen, diese zu einem Fladen formen und auf ein gefettetes Backblech legen. Mit einer Schere oder einem scharfen Messer rautenförmig einschneiden und zugedeckt nochmals etwa 25 Minuten gehen lassen. In die vorgeheizte Röhre auf die untere Schiene stellen und vorsichtig eine Tasse Wasser auf den Boden der Backröhre gießen. Die Backröhre schnell schließen, damit der Dampf nicht entweichen kann. Das fertige Brot gleich beim Herausnehmen mit Wasser bestreichen.
Vorhitze: 250°, nach 5 Minuten Backzeit herunterschalten auf Backhitze: 220°; Backzeit: ca. 80 Minuten.

Fladenbrot, Südtiroler Art

400 g Weizenmehl, 200 g Roggenmehl, 1 Päckchen Hefe, 1 TL Zucker, 1/4 l lauwarme Milch, 1 Ei, 1 EL Leinsamen, 1 TL gestoßener Koriander – zum Bestreichen: *etwas Milch* – zum Bestreuen: *etwas gestoßener Koriander*

Einen Hefeteig mit Vorteig nach Vorschrift zubereiten, diesen sehr gut abschlagen und 20 Minuten zugedeckt an einem warmen Ort gehen lassen. Danach den Teig auf ein bemehltes Brett geben, in 5 Teile teilen und jeden Teil zu einem etwa 1 cm dicken Fladen ausrollen. Die Fladen auf ein gefettetes Backblech legen, zugedeckt etwa 15 Minuten gehen lassen. Mit Milch bestreichen, mit Koriander bestreuen und in der vorgeheizten Röhre backen.
Backhitze: 220°; Backzeit: ca. 30 Minuten.
Frisch gebacken, mit Butter bestrichen, schmecken die Fladen am besten.

Gefüllte Paratha

(16 Fladen)

8 Tassen Weizenmehl, 1/2 Tasse Butter, 1 EL gemahlener Koriander, 1/2 TL gemahlene Nelken, 1/4 TL Knoblauchpulver, 1/2 Tasse Pflanzenöl, 500 g Rinderhack, 1 große gehackte Zwiebel, 1/2 TL Zimt, Salz nach Geschmack

Das Öl in einer Pfanne erhitzen und die Zwiebel darin goldbraun braten. Dann das Fleisch hineingeben und 10 Minuten weiterbraten, bis es braun wird. Anschließend alle Gewürze und Salz dazugeben, unter Umständen etwas Wasser, um das Ansetzen zu verhindern. Sobald das Fleisch ganz trocken ist, die Pfanne vom Herd nehmen und beiseite stellen. Den Teig für die Fladen genau wie im Rezept »Vollkornfladen« (s. S. 66) zubereiten, in 16 Stücke teilen, Bälle formen und diese ausrollen. Dann 1–2 EL Fleischmischung auf jeden Fladen geben, die Ecken so darüber zusammenschlagen, daß sie sich gegenseitig überlappen, und dann die Fladen wieder flach ausrollen. Beide Seiten mit Butter bestreichen und die Fladen in einer bemehlten Pfanne auf beiden Seiten goldbraun braten.

Weizenfladen (Luchchi)

(4 Fladen)

1 Tasse Weizenmehl, 1 TL Salz, 1 EL geschmolzene Butter, 1/2 Tasse warmes Wasser, Pflanzenöl

Das Mehl in eine Schüssel sieben, die geschmolzene Butter hinzufügen und alles mindestens 5 Minuten zwischen den Fingern reiben. Dann das Salz dazugeben und so viel warmes Wasser, daß ein fester Teig entsteht. Diesen mindestens 15 Minuten kneten, dann in 4 Stücke teilen und diese schön dünn ausrollen. Das Öl in einer schweren Pfanne bis zum Rauchpunkt erhitzen und die Fladen 15 Sekunden auf jeder Seite darin braten. Die Luchchis können heiß oder kalt gegessen werden.

Süße Chappaties

(8 Fladen)

6 EL brauner Zucker, 2 Tassen Vollkornmehl, 2 Tassen Weizenmehl, 1 TL Salz, 1/2 Tasse Butter

Das Vollkornmehl und das Weizenmehl zusammen mit dem Salz in eine Schüssel sieben, die Butter schmelzen, zu dem Mehl geben und alles 10 Minuten zwischen den Fingern reiben. Den Zucker in wenig kaltem Wasser auflösen und zusammen mit so viel zusätzlichem Wasser zu dem Mehl geben, daß ein weicher, gut formbarer Teig entsteht. Ab hier dem Rezept ›Indisches Fladenbrot‹ (s. S. 66) folgen.

Indisches Fladenbrot (Chappaties)

(8 Fladen)

2 Tassen Weizenmehl, 2 Tassen Vollkornmehl, 1 TL Salz, 1/2 Tasse Butter

Das Weizenmehl und das Vollkornmehl zusammen mit dem Salz in eine Schüssel sieben. Die Butter schmelzen, zu dem Mehl geben und alles 10 Minuten zwischen den Fingern reiben. Dann so viel kaltes Wasser zugeben, daß ein weicher, gut formbarer Teig entsteht, mit einem feuchten Tuch zudecken und eine Stunde ruhen lassen. Dann den Teig noch einmal gut durchkneten und Bällchen daraus formen (ungefähr so groß wie ein Pingpongball). Diese auf einem bemehlten Brett ausrollen, bis sie nur noch so dick wie ein 5-Mark-Stück sind, dann eines nach dem anderen in einer trockenen Pfanne rösten und dabei alle 2–3 Minuten wenden. Nach 6–8 Minuten ist der Fladen gar.

Vollkornfladenbrot

(8–10 Fladen)

4 Tassen Vollkornmehl, 1/2 Tasse geschmolzene Butter, 1 TL Salz

Das Mehl zusammen mit dem Salz in eine Schüssel sieben und nach und nach so viel Wasser dazugeben, daß der Teig fest, aber doch formbar wird. Gut kneten, mit einem feuchten Tuch zudecken und mindestens 1/2 Stunde ruhen lassen. Dann den Teig in 8–10 Stücke teilen und aus jedem dieser Stücke einen Ball formen. Jeden Ball auf einem bemehlten Brett flach ausrollen (bis zur Dicke eines 5-Mark-Stückes) und mit der geschmolzenen Butter einpinseln. Dann jeden Teigfladen einmal von der Mitte zum Rand einschneiden, einen Kegel formen, aufrecht hinstellen, mit dem Handballen die Spitze eindrücken und anschließend wieder flach ausrollen. Diese Fladen in einer trockenen, heißen und mit Mehl bestäubten Pfanne ungefähr 10 Minuten rösten und dabei alle 2–3 Minuten wenden.

Maisfladen (Makki Ki Roti)

(6–8 Fladen)

4 Tassen Maismehl, ca. 1½ Tassen Wasser, 1½ TL Salz, 1 EL geschmolzene Butter

Das Maismehl zusammen mit dem Salz in eine Schüssel sieben und langsam so viel Wasser hinzufügen, daß ein fester Teig entsteht. Diesen in 6–8 Stücke teilen, dann jedes Stück mit dem Handballen flach drücken und anschließend in einer leicht bemehlten Pfanne langsam rösten, dabei den Fladen immer wieder flachdrücken und in der Pfanne bewegen. Nach 10 Minuten ist das Fladenbrot gar und kann mit Butter bestrichen und serviert werden.

Fladenbrot mit Erbsenmehl und Zwiebeln (Baisani Roti)

(12 Fladen)

2 Tassen Erbsenmehl, 2 Tassen Weizenmehl, 1 mittelgroße feingehackte Zwiebel, Salz nach Geschmack

Das Erbsenmehl und das Weizenmehl mit dem Salz in eine Schüssel sieben, dann die Zwiebelstücke und so viel Wasser hinzugeben, daß ein fester, aber noch gut formbarer Teig entsteht. Diesen mit einem feuchten Tuch bedecken und mindestens 1 Stunde stehen lassen, anschließend den Teig in 12 Stücke teilen, diese zu Kugeln formen und auf einem bemehlten Brett flach ausrollen, bis sie nur noch so flach wie ein 5-Mark-Stück sind. Diese Fladen in einer trockenen, heißen Pfanne (am besten in einer Eisenpfanne) nacheinander jeweils 6–8 Minuten rösten, dabei die Pfanne dauernd bewegen und die Fladen alle 2 Minuten wenden. Anschließend das fertige Brot mit 1 EL geschmolzener Butter bestreichen, einziehen lassen und noch heiß servieren.

Vinschgauer Fladen

700 g Roggenmehl (Type 1370), 300 g Weizenmehl (Type 1050), 60 g Hefe, 5/8 l lauwarmes Wasser, 1 1/2 EL Salz, 15 g gemahlener Fenchel

Das Mehl in eine Backschüssel sieben, vermischen und in die Mitte eine Grube drücken. Die Hefe in 1/8 l lauwarmem Wasser auflösen, in die Mehlgrube gießen und mit etwas Mehl vermischen. Das Hefestück zugedeckt einige Minuten gehen lassen. Dann nach und nach das restliche lauwarme Wasser, Salz und Fenchel einarbeiten. Den Teig so lange kneten, bis er geschmeidig ist und sich von der Schüssel löst. Mit etwas Mehl bestäuben, zudecken und an einem warmen Ort aufgehen lassen. In etwa 30 Minuten muß sich der Teig verdoppelt haben. Danach den Teig auf einem bemehlten Brett nochmals durchkneten und in 3 Teile teilen. Aus jedem Teil eine Kugel formen, diese ganz flach drücken und auf ein gefettetes Blech legen. Mit Mehl leicht bestäuben, mit einer Gabel mehrmals einstupfen und mit einem Tuch bedeckt 5–10 Minuten gehen lassen. In das vorgeheizte Backrohr auf die mittlere Schiene schieben. Wenn sich das Brot vom Blech löst, ist es fertig gebacken.
Backhitze: 200°; Backzeit: ca. 35 Minuten.

Gerichte in Brotteig

Großer Schinken in Brotteig

1 großer, leicht gepökelter Schinken, Suppengrün (Wurzelwerk), grob geschnitten

Schinken in ungesalzenem kalten Wasser aufsetzen und sanft zum Kochen bringen. In der letzten halben Kochstunde das Suppengrün zugeben. Man rechnet pro 500 g Schinken 15–20 Minuten Kochzeit. Inzwischen den Brotteig zubereiten.
Ca. 750 g Mehl mit gut gekühltem Schweineschmalz zwischen den Handflächen verreiben. Salz und kaltes Wasser zugeben und das Ganze zu einem Teig verkneten, der wie Blätterteig mehrfach ausgewalzt und zusammengeschlagen werden muß. Dünn ausrollen.
Wenn der Schinken gar ist – nach etwa 3 Stunden kann man getrost mit einer Nadel hineinstechen –, etwas erkalten lassen. Schinken fest in den Brotteig hüllen und auf das gefettete Backblech legen. Brotteig mit Eigelb bestreichen und in der Mitte des Teiges eine Öffnung ausstechen, damit der sich bildende Dampf entweichen kann. So lange bei mittlerer Hitze im Ofen lassen, bis der Teig schön braun und trocken ist. Kurz vor dem Auftragen etwas Portwein durch die Teigöffnung gießen. Öffnung mit etwas Teig verschließen und den Schinken noch eine kleine Weile im Ofen lassen.
Spezialsauce zu diesem Schinken: Aus Mayonnaise, rotem Johannisbeergelee, Senf, Tomatenketchup, fein gehackten Pfeffergürkchen (Cornichons), fein geschnittenen Perlzwiebeln, Pfeffer und Salz eine Sauce anrühren, zu der man so viel Rotwein gibt, daß sie sämig ist.

Rollschinken in Brotteig

750 g Rollschinken, je 1 TL schwarzer Pfeffer und Koriander (aus der Mühle), 1 TL zerdrückte Wachholderbeeren, 1 Packung Kümmelbrot (Fertigprodukt)

Schinken in kaltem Wasser zum Kochen bringen und 1/2 Stunde kochen lassen. Aus der Brühe nehmen, trockentupfen und mit den vermischten Gewürzen einreiben. Teig nach Vorschrift zubereiten. Nach dem Aufgehen den Teig auf einem bemehlten Brett durchkneten und ausrollen. Den Schinken darin einschlagen, Enden mit Wasser bestreichen und mit der ›Naht‹ nach unten auf ein gefettetes Blech legen. Nach Vorschrift gehen lassen – am besten mit einem Tuch bedeckt – und in der vorgeheizten Röhre backen.
Backhitze: 180° ; Backzeit: ca. 50 Minuten.

Geräucherter Schinken in Brotteig

1 kg geräucherter Schinken, 500 g Brotteig (vom Bäcker), 3 EL frische gehackte Kräuter wie: Petersilie, Pimpinelle, Estragon, Thymian, Majoran, Basilikum; etwas Mehl, etwas Zucker

Den Schinken über Nacht in Wasser legen, dann abtrocknen und von der Schwarte befreien. Den Brotteig auf die doppelte Größe des Schinkens ausrollen, mit den Kräutern bestreuen und den Schinken darin einschlagen. Ränder fest andrücken! Auf ein mit Mehl bestäubtes Blech legen und in das vorgeheizte Rohr schieben. Kurz vor Ende der Backzeit den Teig mit etwas Zuckerwasser bepinseln, damit die Kruste knusprig und glänzend wird.
Backhitze: 220°; Backzeit: ca. 2 1/2 Stunden.

Schweinebraten in Brotteig

1 kg Schweinebraten (Schlegel oder Halsgrat ohne Knochen), einige Knoblauchzehen zum Spicken, Salz, Pfeffer, 500 g fertiger Brotteig (vom Bäcker oder selber zubereitet wie für Ringbrot s. S. 45), etwas Kümmel und Paprika

Das Schweinefleisch mit halbierten Knoblauchzehen spicken, mit Salz und Pfeffer würzen und wie gewohnt etwa 1¼ Stunden braten, dann abkühlen lassen. Brotteig so ausrollen, daß der Braten darin eingehüllt werden kann. Bevor man ihn jedoch einwickelt, den ausgerollten Brotteig mit Kümmel und Paprika bestreuen. Den so vorbereiteten Braten auf ein gefettetes Blech legen und noch etwa 15 Minuten gehen lassen. Danach in der vorgeheizten Röhre backen. Noch heiß mit etwas kaltem Wasser bestreichen.
Backhitze: 190°; Backzeit: ca. 45 Minuten.
Den in Brotteig gebackenen Braten kann man warm und kalt servieren.
Man reicht dazu Kartoffelsalat und Gurkensalat.

Gefüllte Brote

Sandwichbrot mit verschiedenen Füllungen

Die Brotenden abschneiden und das Brot aushöhlen. Ein sehr langes Brot halbieren, weil man dann das Brotinnere besser mit einem Kochlöffelstiel herausstoßen kann. Die Fülle beim Einfüllen gut hineindrücken, damit im Innern des gefüllten Brotes kein Hohlraum entsteht. Gefüllte Brote immer einige Stunden kühl stellen und erst vor Gebrauch in Scheiben schneiden.

1. *100 g Butter, 100 g Pflanzenmargarine, 50 g Reibkäse, 1 Gervais, 125 g gekochter, gewürfelter Magerschinken, 1 TL Sardellenpaste, 1 EL gehackte Petersilie, etwas Salz und Pfeffer.*
   Butter und Pflanzenmargarine schaumig rühren und alle angegebenen Zutaten nach und nach einrühren. Pikant abschmecken.

2. *500 g Sahnequark, 1 rote und grüne Paprikaschote, 2 geschälte Tomaten, 2 Gewürzgurken, 1 hartgekochtes Ei, 125 g Emmentaler, 3 Blatt weiße Gelatine, Salz, Pfeffer, Paprika, je 1 EL feingehackte Petersilie und Zwiebel.*
   Den Quark gut verrühren, alle anderen in Würfel geschnittenen Zutaten beigeben, dann die in wenig heißem Wasser aufgelöste Gelatine unterrühren und die Masse mit Salz, Pfeffer, Paprika, Petersilie und Zwiebel würzen.

Die Füllung können, je nach Geschmack, verändert werden. Als Grundlage Butter, Margarine oder Quark verwenden und beliebige Geschmackszutaten beimischen wie: kalte Bratenreste, Pilze, Geflügel- oder Wildfleisch usw.

Brot à la Mazzarini

Mazzarini lebte in Mailand in den achtziger Jahren und war nur ein mittelmäßiger Kapellmeister. Doch spricht man noch heute von ihm. Er war ungemein temperamentvoll und voller Humor. Den Takt schlug er ungenau, was ihn bei seinen Musikern nicht gerade beliebt machte. Sie waren jedoch immer wieder zu einer Versöhnung bereit, wenn er ihnen — was ab und zu vorkam — von ihm selbst ausprobierte Rezepte für ihre Frauen mit nach Hause gab. Maestro Mazzarini war ein Komponist kulinarischer Genüsse, von ihm stammt dieses Rezept.

1 kleines Weißbrot, 80 g in Würfel geschnittener Räucherspeck, 1 gehackte Zwiebel, 200 g Bratwurstfülle, Salz, Pfeffer, 2—3 EL Dosenmilch, etwas Tomatenketchup oder Chutney, einige Tropfen Zitronensaft, 1 Schuß Cognac, 2 EL geriebener Parmesan, 2 EL feingeschnittener Schnittlauch, einige Butterflöckchen — zum Garnieren: *Salatblätter und kleine ganze Tomaten*

Das Weißbrot der Länge nach halbieren und die Krume herausnehmen. Die Speckwürfel kurz rösten, die Zwiebelstücke zugeben, mitrösten lassen, bis sie hellgelb sind. Dann die Bratwurstfülle einrühren, mit Salz und Pfeffer würzen und die Masse schnell abbraten, die Dosenmilch daruntermischen und alles nochmals aufkochen lassen. Sollte die Masse zu dünn sein, etwas angerührtes Stärkemehl zum Dicken beigeben. Die Pfanne vom Herd nehmen, mit Tomatenketchup oder Chutney, Zitronensaft und Cognac abschmecken und die Masse in die vorbereiteten Weißbrothälften füllen. Diese werden mit Parmesankäse und Schnittlauch bestreut, mit Butterflöckchen belegt und im vorgeheizten Rohr bei starker Hitze überbacken. Das fertige Brot mit einem sehr scharfen Messer, da das Brot durch das Backen sehr knusprig geworden ist, in schräge Schnitten schneiden und auf Salatblättern mit den gewaschenen, abgetrockneten Tomaten anrichten.
Backhitze: 250°; Backzeit: ca. 15 Minuten.

Mosaikbrot

1 Sandwichbrot, 250 g Butter, 1 TL Sardellenpaste, 1 große Gewürzgurke, 2 EL Champignons, 250 g geräucherte, gekochte Zunge — zum Garnieren: *Salatblätter, Tomatenscheiben*

Das Brot halbieren, die Enden abschneiden und aushöhlen. Butter schaumig rühren, Sardellenpaste beigeben und alle anderen Zutaten in kleine Würfel geschnitten hinzufügen. Die Masse in das Brot füllen, kühl stellen und erst vor Gebrauch in dünne Scheiben schneiden. Auf einer Platte gefällig anrichten und mit Salatblättern und Tomatenscheiben garnieren.

Gefülltes Weißbrot

1 französisches Weißbrot, 150 g Mettwurst, 1 kleine Zwiebel, 2 Eigelb, 100 g Butter, etwas Salz und Pfeffer, 1 kleingewürfelte Gewürzgurke — zum Garnieren: *Salatblätter*

Die Enden vom Brot abschneiden und das Brot aushöhlen. Die Hälfte des Brotinneren in kaltem Wasser einweichen und gut ausdrücken. Mit Mettwurst und Zwiebel zweimal durch die Fleischmaschine drehen und mit den Eigelb vermischen. Butter schaumig rühren, nach und nach die Mettwurstmasse beigeben und zum Schluß die Gurkenwürfel daruntermischen. Die Fülle mit Salz und Pfeffer abschmecken und in den Semmelwecken einfüllen. Mindestens 1 Stunde kühl stellen und erst vor Bedarf in dünne Scheiben schneiden. Mit Salatblättern garnieren.

Maisbrote

Maisbrot, einfach

1 l Milch, $1^1/_2$ Tassen gelbes Maismehl, 1 EL Margarine, 1 Msp. Salz, 3–4 verschlagene Eier

Die Milch zum Kochen bringen und das Maismehl langsam einlaufen lassen. Unter ständigem Rühren (die Masse brennt leicht an) einmal aufkochen lassen, dann vom Herd nehmen, Margarine und Salz darunterrühren und abkühlen lassen. In die lauwarme Masse nacheinander die Eier einrühren. In eine gefettete Kastenform füllen und in der vorgeheizten Röhre zu schöner Farbe backen.
Dies Brot schmeckt besonders gut zu kalten Platten.
Backhitze: 180°; Backzeit: ca. 45 Minuten.

Amerikanisches Maisbrot

750 g Maismehl, 250 g Weizenmehl, 2 Päckchen Backpulver, 1 gehäufter EL Zucker, 1 TL Salz, 3–4 Eier, 100 g zerlassene Margarine, $^1/_8$ l Milch

Maismehl, Weizenmehl und Backpulver in einer Schüssel gut vermischen. In die Mitte des Mehles eine Vertiefung drücken, Zucker, Salz und Eier gut verquirlen und in die Vertiefung gießen. Mit etwas Mehl verrühren und dann die zerlassene, abgekühlte Margarine und die Milch beigeben und alles zu einem glatten Teig verrühren. Diesen in eine gut gefettete, mit Mehl bestäubte große Kastenform füllen und in die Mitte der vorgeheizten Backröhre stellen.
Backhitze: 220°; Backzeit: ca. 60 Minuten.
Dieses Brot schmeckt am besten frisch gebacken.

Gemischtes Maisbrot

$^3/_4$ Tasse gelbes Maismehl, $^2/_3$ Tasse gesiebtes Weizenmehl, 1 EL Backpulver, 1 verschlagenes Ei, 1 Tasse Milch, 4 EL zerlassene Butter oder Margarine, etwas Salz

Maismehl, Weizenmehl und Backpulver vermischen, Ei, Milch und Butter verrühren und unter die trockenen Zutaten geben. In einer ausgefetteten Kastenform in der vorgeheizten Röhre backen.
Backhitze: 200°; Backzeit: ca. 35 Minuten.

Hushpupples

2 Tassen gesiebtes Maismehl, 2 TL Backpulver, 1 TL Salz, 1 Tasse fein gehackte Zwiebeln, $1^1/_4$ Tassen Milch, $^1/_2$ Tasse Wasser

Mehl, Backpulver, Zwiebeln und Salz miteinander vermischen. Milch und Wasser zugeben und alles gut verrühren. Wenn der Teig zu flüssig erscheint, noch etwas Mehl zugeben. Teig löffelweise ausstechen und in steigendem Fett ausbacken.

Virginia Maisbrot

(Virginia Butter Bread)

1 Tasse Maismehl, $1^1/_2$ Tassen Soda, 1 TL Salz, 1 TL Weizenmehl, 1 geschlagenes Ei, 1 Tasse Buttermilch, 2 EL Butter, 1 Tasse Milch

Maismehl, Soda, Salz und Mehl vermischen, Ei und Buttermilch zufügen. In einer hohen Pfanne die Butter im sehr heißen Ofen (250—300°) schmelzen lassen. Inzwischen die süße Milch mit dem Teig vermischen und diese Mischung in die Pfanne gießen.
Etwa 25—30 Minuten Backzeit.

Maisbrot auf Alamba-Art

(Alamba Hominy Bread)

¾ Tasse Maismehl, 2 EL Butter, 1 Tasse lauwarme Milch, 3 Eiweiß, 3 Eigelb, 2 TL Backpulver, 1 TL Salz

Maismehl, Butter und Milch verrühren und gut schlagen. Eigelb ganz locker schlagen und mit dem Backpulver und dem Salz zu dem Teig geben. Alles wieder gut vermischen und die festgeschlagenen Eiweiß unterheben. Teig auf einem gebutterten Blech ausstreichen und etwa 35–40 Minuten bei 200° im Ofen backen. In Scheiben schneiden und heiß mit Butter servieren.

Kaffeebrot mit Maismehl

300 g Maismehl, 250 g in der Schale gekochte Kartoffeln (das sind etwa 400 g rohe Kartoffeln), 300 g Weizenmehl, 30 g Hefe, ¼ l lauwarme Milch, 60 g Zucker, 1 Ei, 50 g zerlassenes Schweineschmalz, abgeriebene Schale 1 Zitrone, 1 EL Rum, 1 TL Salz

Das Maismehl mit etwas kochendem Wasser überbrühen, damit es den bitteren Geschmack verliert. Kartoffeln schälen, durch die Kartoffelpresse drücken oder passieren. Gebrühtes Maismehl, Weizenmehl und passierte Kartoffeln in einer Schüssel gut vermischen. In die Mitte eine Grube drücken, die Hefe hineinbröckeln, etwas lauwarme Milch und etwas Zucker beigeben und mit wenig Mehl zu einem dünnen Teig verrühren und dieses Hefestück aufgehen lassen. Danach alle anderen angegebenen Zutaten beigeben und alles zu einem festen Teig verarbeiten. Diesen auf einem bemehlten Brett gut kneten. Den fertigen Teig in eine gut gefettete Kastenform oder eine Bratenpfanne drücken und an einem warmen Ort zugedeckt aufgehen lassen. In der vorgeheizten Röhre langsam backen.
Backhitze: 180°; Backzeit: ca. 50 Minuten.

Bostoner Braunbrot

(Boston Brown Bread)

1 Tasse Roggenmehl, 1 Tasse Maismehl, 1 Tasse Weizenmehl, 2 TL Soda, $1^1/_4$ TL Salz, $^3/_4$ Tasse Sirup, 2 Tassen Buttermilch, 1 Tasse Rosinen

Alle trockenen Zutaten miteinander vermischen, Sirup, Buttermilch und die vorher eingeweichten Rosinen zugeben und alles gut vermischen. Diese Masse in kleine, ausgebutterte Auflaufformen füllen, mit Pergamentpapier oder Alufolie verschließen, die man noch mit Bindfäden festschnürt. 2 Stunden in Wasserdampf stellen. Da dieses Brot beim Schneiden mit einem gewöhnlichen Messer leicht zerbröckelt, nimmt man am besten einen Faden, den man sägeartig hin und her bewegt.
Boston Brown Bread ist nach Meinung aller Neuengländer die Beilage zu den berühmten Boston Baked Beans (Gebackene Bohnen).

Jonnykuchen

(Jonnycake)

2 Tassen Maismehl, 2 TL Salz, 4 Tassen kochendes Wasser, 1 EL Nierenfett

Mehl mit dem Salz vermischen, mit dem kochenden Wasser übergießen und das Nierenfett zufügen. Alles zu einem Teig kneten und schlagen, diesen in eine flache Form füllen und 40–45 Minuten bei 200° backen.
Das ist die neuenglische Variante eines Gebäcks, dessen Zubereitung auf die Kolonialzeit zurückgeht, wo dieses Brot in heißer Asche, mit Kohlblättern zugedeckt, oder sogar auf Hufeisen mit einem langen Griff in die Glut geschoben, gebacken wurde. So erklären sich auch die Bezeichnungen ›Ashbread‹ (Aschenbrot) oder ›Hoe Cake‹ bzw. ›Corn Pone‹ (Hufeisenbrot). Pone ist das indianische Wort für Huf.

Weizenbrote

Weißbrot (gebrühter Teig)

1 kg Weizenmehl, 1/2 l kochendes Wasser, 20 g Hefe, 1 Msp. Zucker, 2 EL lauwarmes Wasser, 1 EL Salz – zum Bestreichen: *etwas Fett*

Die größere Hälfte des Mehles in eine Schüssel geben und mit dem kochenden Wasser verrühren. Den Teig so lange abkühlen lassen, bis er lauwarm ist. Die mit Zucker in lauwarmem Wasser aufgelöste Hefe in den Teig einarbeiten, mit dem restlichen Mehl bestreuen und zugedeckt über Nacht stehen lassen. Am anderen Tag das in etwas lauwarmem Wasser aufgelöste Salz beifügen und den Teig mit geballten Fäusten sehr gut durchkneten. Nur bei Bedarf noch etwas Wasser in den Teig einarbeiten. So lange kneten, bis sich der Teig von der Schüssel und den Händen löst. Während des Knetens die Hände ab und zu mit lauwarmem Wasser befeuchten, weil sich der Teig so besser bearbeiten läßt. Dann den Teig zu einer glatten Kugel formen und in einer Schüssel zugedeckt etwa 1 Stunde gehen lassen. Danach die Teigkugel mit der unteren Seite nach oben auf ein bemehltes Tuch setzen, zu einem länglichen Brot formen und locker in dem Tuch einschlagen. Etwa 15 Minuten ruhen lassen. Dann das Brot auf ein gefettetes Blech legen, mit lauwarmem Wasser bestreichen, mit einem scharfen Messer mehrere tiefe Einschnitte in den Teig machen, dünn mit Fett bestreichen und in den vorgeheizten Backofen auf die untere Schiene schieben.
Backhitze: 220°; Backzeit: ca. 40 Minuten.

Weißbrot mit Hefe

750 g Weizenmehl (Type 405), 30 g Hefe, 1 Prise Zucker, 3/8 l lauwarmes Wasser oder lauwarme Milch oder beides gemischt, gut 1 TL Salz

Das Mehl in eine Schüssel sieben und in die Mitte eine Grube drücken. Die Hefe in etwas lauwarmer Flüssigkeit mit der Prise Zucker auflösen, in die Grube gießen und unter Beigabe von etwas Mehl zu einem flüssigen Teig verrühren. Dieses Hefestück zugedeckt an einen warmen Ort stellen. Wenn es gegangen ist, die restliche Flüssigkeit und das Salz beigeben. Den Teig gut schlagen und kneten, bis er Blasen wirft und sich von der Schüssel löst. Entweder aus dem Teig 2 kleine Weißbrote formen oder den ganzen Teig in eine große, mit Fett ausgestrichene und mit Mehl ausgestäubte Kastenform füllen. Die geformten Teigstücke gut gehen lassen und in der vorgeheizten Röhre backen. Das aus dem Ofen kommende Brot mit Wasser bestreichen.
Backhitze: 190°; Backzeit: ca. 30 Minuten.

Freigeschobenes Weißbrot

1 kg Weizenmehl, 1/4 l lauwarme Milch, 1/4 l lauwarmes Wasser, 20 g Hefe, 1 EL Salz, 1 EL zerlassene Margarine – zum Bestreichen: *etwas Fett*

Teigzubereitung wie beim Kastenweißbrot. Den geschmeidig abgeschlagenen Teig in einer zugedeckten Schüssel aufgehen lassen, dann einen länglichen Wecken auf einem bemehlten Tuch formen, diesen in das Tuch locker einschlagen und nochmals kurz gehen lassen. Danach auf ein gefettetes Backblech legen, mit einem scharfen Messer mehrmals schräg einschneiden (das verhindert das Reißen des Brotes), mit zerlassenem Fett bestreichen und in dem vorgeheizten Rohr zu schöner Farbe backen.
Backhitze: 220°; Backzeit: ca. 40 Minuten.

Kastenweißbrot

1 kg Weizenmehl, 20 g Hefe, je 1/4 l lauwarme Milch und lauwarmes Wasser, 1 EL Salz, 1 EL zerlassene Margarine – zum Bestreichen: *etwas Fett*

Das handwarme Mehl in eine Schüssel geben, in die Mitte eine Grube drücken. Die Hefe in der lauwarmen Milch auflösen, in die Grube gießen und mit wenig Milch verrühren, dann das Wasser zugeben, die zerlassene Margarine, das Salz, und den Teig sehr gut abschlagen. Am besten den Teig zum Schluß noch auf einem bemehlten Brett durchkneten, damit er locker und geschmeidig wird. Den Teig gleich in eine gefettete Kastenform drücken und zugedeckt an einem warmen Ort gehen lassen. Danach mit einem scharfen Messer der Länge nach tief einschneiden, dünn mit flüssiger Margarine bestreichen und im vorgeheizten Rohr backen. Die Kastenform auf die untere Schiene auf den Rost stellen.
Backhitze: 220°; Backzeit: ca. 30 Minuten – danach das Brot noch etwa 10 Minuten im Rohr stehenlassen.

Zartes Weißbrot

375 g Mehl, 30 g Hefe, 1/4 l lauwarme Milch, 1 TL Zucker, 1/2 TL Salz, 80 g Butter oder Margarine – zum Bestreichen: *1 Eigelb mit 2 EL Milch verrührt*

Einen Hefeteig nach Vorschrift zubereiten und zugedeckt gehen lassen, bis sich der Teig verdoppelt hat. Dann einen länglichen Laib daraus formen, diesen in eine gefettete Kastenform legen, zudecken und nochmals an einem warmen Ort 20 Minuten gehen lassen. Mit Eiermilch bestreichen und in der vorgeheizten Röhre langsam backen.
Backhitze: 180°; Backzeit: ca. 35 Minuten.

Sandwichwecken

500 g Weizenmehl, knapp 1/4 l Milch, 20 g Hefe, 1 Msp. Zucker, 40 g Fett, etwas Salz

Aus den angegebenen Zutaten einen Hefeteig herstellen und gehen lassen. Einen langen Wecken auf einem bemehlten Backbrett formen, diesen auf ein gefettetes Blech legen und nochmals einige Minuten gehen lassen. Mit Wasser oder Milch bestreichen und in der vorgeheizten Röhre hellgelb backen.
Backhitze: 200°; Backzeit: ca. 30 Minuten.

Aniswecken

Zutaten und Zubereitung wie beim Sandwichwecken. Zusätzlich 1 EL Anis – oder auch Kümmel – in den Teig einarbeiten.

Toastbrot

1 kg Weizenmehl, 60 g Hefe, 1 Prise Zucker, ca. 1/2 l lauwarmes Wasser, 75 g Margarine, 20 g Salz – zum Bestreichen: *1 Eigelb mit 2 EL Milch verquirlt*

Hefeteig nach Vorschrift zubereiten und zugedeckt etwa 1 Stunde gehen lassen. Auf einem bemehlten Brett aus dieser Teigmenge 2 Weißbrote formen oder den Teig in 2 gefettete Kastenformen füllen, nochmals etwa 10 Minuten gehen lassen, mit Eiermilch bestreichen und in der vorgeheizten Röhre backen.
Backhitze: 190°; Backzeit: ca. 35 Minuten.

Rosinenstuten

Gleiche Zutaten – nur noch 125 g Rosinen beigeben – und die gleiche Zubereitung wie Toastbrot.

Weißbrot mit Backpulver

500 g Mehl, 1 Päckchen Backpulver, 1 TL Salz, 1/2 l Milch

Mehl mit Backpulver und Salz vermischen und nach und nach die Milch einrühren. In eine gefettete, mit Mehl bestäubte Kastenform füllen und in der vorgeheizten Röhre zu schöner Farbe backen.
Backhitze: 200°; Backzeit: ca. 45 Minuten.

Buttermilchbrot

500 g Weizenmehl (Type 550), 500 g Weizenmehl (Type 1050), 80 g Hefe, 1 TL Zucker, reichlich 3/4 l lauwarme Buttermilch, 2 EL Salz

Die beiden Mehle in eine Schüssel sieben und vermischen. In die Mitte eine Grube drücken. Hefe mit Zucker in einer Tasse Buttermilch verrühren, in die Mehlgrube gießen, mit etwas Mehl verrühren und dann nach und nach die restliche Buttermilch und das Salz beigeben. Den Teig gut kneten, bis er sich von der Schüssel löst. Mit einem Tuch zugedeckt an einem warmen Ort etwa 40 Minuten gehen lassen. Der Teig muß sich verdoppeln. Danach auf einem bemehlten Brett durchkneten und zu einem länglichen Laib formen. Mit einem scharfen Messer den Laib der Länge nach einritzen und nochmals zugedeckt etwa 15 Minuten ruhen lassen. Auf ein gefettetes Blech legen, mit Wasser bepinseln und in die vorgeheizte Röhre auf die unterste Schiene stellen. Damit das Brot nicht zu sehr auseinanderläuft, kann man um das Brot herum zerknüllte Alufolie legen, es hat dadurch mehr Halt. Das fertige Brot muß, wenn man an die Unterseite klopft, hohl klingen.
Backhitze: 220°; Backzeit: ca. 35 Minuten.

Geflochtenes Milchbrot

500 g Mehl, 20 g Hefe, etwa 1/4 l lauwarme Milch, 1 TL Zucker, 1 Msp. Salz, 1 Ei, 1 Eigelb, 50 g zerlassene lauwarme Butter oder Margarine – zum Bestreichen: *1 verschlagenes Eigelb*

Das Mehl in einer Schüssel anwärmen, die Hefe in der lauwarmen Milch mit dem Zucker auflösen und in das Mehl rühren. Dann das Salz, das ganze Ei, das Eigelb zugeben und den Teig so lange mit dem Kochlöffel schlagen, bis er Blasen wirft. Erst dann die zerlassene Butter zugießen und mit dem Teig verarbeiten. Zugedeckt an einem warmen Ort gehen lassen, bis sich das Teigvolumen verdoppelt hat. Auf einem bemehlten Brett in 3 gleiche Stücke teilen und einen Zopf daraus flechten. Während des Flechtens die einzelnen Teigteile schraubenförmig drehen und dabei in die Länge ziehen. Den Zopf auf ein gefettetes Blech legen, nochmals aufgehen lassen und vor dem Einschieben in das vorgeheizte Rohr mit verschlagenem Ei bestreichen. Bei mäßiger Hitze zu schöner Farbe backen.
Backhitze: 180°; Backzeit: ca. 50 Minuten.

Französisches Stangenweißbrot (Baguette)

500 g Weizenmehl (Type 405), 30 g Hefe, 1/8 l lauwarmes Wasser, etwa 1/8 l lauwarme Milch oder lauwarmes Wasser, 1 TL Zucker, 1 EL Salz

Das Mehl in eine Schüssel sieben, in die Mitte eine Grube drücken. Die Hefe in 1/8 l lauwarmem Wasser auflösen, in die Grube gießen und mit etwas Mehl verrühren. Nach und nach die lauwarme Milch oder lauwarmes Wasser, Zucker und Salz unter ständigem Rühren einarbeiten. Den Teig so lange schlagen, bis er sich vom Löffel oder der Schüssel löst. Den Teig mit einem Tuch bedecken und an einem warmen Ort etwa 40

Minuten gehen lassen. Danach auf ein bemehltes Brett geben, in 2 Teile teilen und aus jedem Teigstück eine etwa 50 cm lange Rolle formen. Diese mit dem Ende nach oben auf ein gefettetes Blech legen, zudecken und nochmals 15 Minuten gehen lassen. Danach mit einem scharfen Messer 4—5mal schräg einschneiden, mit Wasser bestreichen und in die vorgeheizte Röhre auf die untere Stufe schieben. Gleichzeitig 1 Tasse heißes Wasser mit auf das Backblech stellen. Das fertige Brot gleich nach dem Herausnehmen mit Wasser bestreichen.
Backhitze: 220°; Backzeit: ca. 20 Minuten.

Schwäbisches Bauernbrot

250 g Sauerteig, 1/2 l lauwarmes Wasser, 20 g Hefe, 1 kg Weizenmehl (Type 550), 2 EL Salz, 4 mittelgroße, gekochte, geriebene Pellkartoffeln

Sauerteig mit 1/4 l lauwarmem Wasser, der zerbröckelten Hefe und etwas Mehl vermischen. Das Mehl in eine Schüssel sieben, in die Mitte eine Grube drücken und den angerührten Sauerteig hineingeben. Zugedeckt über Nacht an einem warmen Ort gehen lassen. Am nächsten Tag das restliche lauwarme Wasser, Salz und die geriebenen Kartoffeln beigeben, den Teig sehr kräftig durchkneten und noch einmal zugedeckt 1 Stunde gehen lassen. Auf einem bemehlten Brett einen Laib formen, auf ein gefettetes Blech legen, zudecken und kurz gehen lassen. Danach die Oberfläche des Brotes einritzen, mit einem scharfen Messer, und das Brot auf die unterste Stufe des Backofens schieben. 1/2 Tasse Wasser dazustellen oder auf den Boden der Backröhre vorsichtig das Wasser gießen. Den Ofen schnell schließen und nach 15 Minuten kurz öffnen. Nach dem Backen das Brot mit Wasser bestreichen, damit es einen schönen Glanz bekommt.
Backhitze: 230°; Backzeit: ca. 70 Minuten.

Italienisches Brot

250 g Weizenmehl, 15 g Hefe, 1/8 l lauwarmes Wasser, 1 TL Öl, etwas Salz

Das Mehl in eine Schüssel geben und in die Mitte eine Grube drücken. Die zerbröckelte Hefe in der Hälfte des Wassers auflösen, in die Mehlgrube gießen und mit etwas Mehl verrühren. Das Hefestück gehen lassen. Dann das restliche Wasser mit dem Öl und Salz zugeben, alles zu einem mittelfesten Hefeteig verarbeiten und gehen lassen. Dann den gegangenen Teig mit einem Kochlöffel durchschlagen und erneut gehen lassen. Diese Tour dreimal wiederholen. Dadurch erhält das Brot beim Backen größere Poren. Nach der letzten Tour aus dem Teig eine Rolle formen und diese in eine gefettete, mit Mehl ausgestäubte Kastenform legen. Nochmals aufgehen lassen und danach im vorgeheizten Rohr erst bei starker und dann bei schwächerer Hitze backen.
1. Backhitze: 220°; Backzeit: ca. 10 Minuten.
2. Backhitze: 200°; Backzeit: ca. 25 Minuten.

Frühlingsbrot

500 g Weizenmehl, 1 Päckchen Hefe, 1/2 TL Zucker, 1/4 l lauwarme Milch, 40 g Margarine, 2 Eigelb, 1 TL Salz, 1 TL Kümmel, 1 TL Koriander, 1 TL Kardamom, 2 EL feingehackte Petersilie, 2 EL feingeschnittener Schnittlauch, 1 EL feingehackter Dill – zum Bestreichen: *etwas Milch*

Das Mehl in eine Schüssel sieben, in die Mitte eine Grube drücken. Hefe und Zucker in der lauwarmen Milch auflösen, in die Mehlgrube gießen und mit etwas Mehl verrühren. Zugedeckt 10 Minuten gehen lassen. Inzwischen die Margarine mit den Eigelb verrühren, alle Gewürze und Geschmackszutaten zugeben und gut vermischen. Das Gemenge zu dem gegangenen Vorteig geben und alles zu einem glatten, festen Teig verarbeiten. Den Teig so lange schlagen, bis er Blasen wirft, dann wieder zudecken und 20 Minuten gehen lassen. Danach in eine gefettete Kastenform füllen, zudecken und wiederum gehen lassen, etwa 15 Minuten. Mit einem scharfen Messer der Länge nach in der Mitte einen Einschnitt machen, die Oberfläche mit Milch bestreichen und in das vorgeheizte Rohr auf die untere Stufe schieben und zu schöner, goldbrauner Farbe backen. Das Brot aus der Form nehmen und auf einem Rost auskühlen lassen. Backhitze: 200°; Backzeit: ca. 35 Minuten.

Schinkenbrot mit Blätterteig

500 g Mehl, 40 g Hefe, 3/8 l lauwarmes Wasser, 1 Bund gehackter Schnittlauch oder gehackte Petersilie, 1 EL Salz, 150 g Blätterteig (tiefgefroren), 150 g gekochter Schinken — zum Bestreichen: *1 verquirltes Eigelb*

Das Mehl in eine Schüssel sieben und in die Mitte eine Grube drücken. Die Hefe hineinbröckeln und mit dem lauwarmen Wasser verrühren. Das Hefestück zudecken, warm stellen und so lange gehen lassen, bis die Oberfläche rissig ist. Dann die gehackten Kräuter, Salz, den aufgetauten Blätterteig und den würfelig geschnittenen Schinken untermengen und den Teig gut durchkneten. Auf einem bemehlten Brett ein ringförmiges Brot formen und auf ein gefettetes, mit Mehl bestäubtes Brett legen. Noch einmal zugedeckt 15 Minuten gehen lassen. Mit verquirltem Eigelb bepinseln, in vorgeheizter Röhre backen. Backhitze: 210°; Backzeit: ca. 50 Minuten.

Champignonbrot

Zutaten und Zubereitung wie ›Schinkenbrot mit Blätterteig‹, nur anstelle von Schinken 100 g in Scheiben geschnittene Champignons verwenden.
Dieses Brot kann man noch weiter verändern, wenn man statt Champignons geraspelte Möhren oder geriebenen Parmesan oder gehackte Sardellenfilets nimmt.

Brot im Schlafrock

150 g tiefgekühlter Blätterteig, 500 g Mehl, 40 g Hefe, knapp 1/2 l lauwarme Milch, 20 g Butter oder Margarine, 1 EL Salz; Geschmackszutaten *nach Wunsch: 2 EL gehackte Petersilie und 1 kleine Dose in Scheiben geschnittene Champignons; oder 3 in 20 g Butter gedünstete, gehackte Zwiebeln; oder 150 g gewürfelter Schafskäse und 1 gehackte kleine Zwiebel; oder 125 g Schinkenwürfel (gekochter Schinken) und 2 EL gedünstete, gehackte Zwiebeln; oder 150 g gewürfelter Emmentaler und etwas Paprikagewürz* – zum Bestreichen: *1 verquirltes Eigelb*

Blätterteig auftauen lassen. Aus den übrigen Zutaten einen Hefeteig nach Grundrezept (s. S. 35) bereiten und mit den gewünschten Geschmackszutaten vermischen. Den Teig gut verkneten, bis er sich von der Schüssel löst. Dann leicht mit Mehl bestäuben, zudecken und an einem warmen Ort etwa 30 Minuten gehen lassen, bis er sich verdoppelt hat. Nach dieser Zeit den Blätterteig auf einem bemehlten Brett ausrollen, so breit und lang, daß die etwa 25 cm lange geformte Rolle aus dem gegangenen Hefeteig darin eingewickelt werden kann. Die Teigenden anfeuchten und gut zusammendrücken. Das Backblech mit kaltem Wasser überspülen, das Brot mit der Nahtstelle nach unten darauflegen und mit einem scharfen Messer der Länge nach einschneiden. Nochmals 5 Minuten gehen lassen. Dann mit verquirltem Eigelb bestreichen und in die vorgeheizte Röhre auf die untere Schiene stellen. 1/2 Tasse Wasser vorsichtig auf den Boden der Röhre gießen. Nach 10 Minuten kurz öffnen. Vor dem Herausnehmen mit einem Holzstäbchen Garprobe machen!
Backhitze: 220°; Backzeit ca. 40 Minuten.

Bauernstuten

1 kg Mehl, 40 g Hefe, 1/2 l lauwarme Milch, 1/2 EL Zucker, 1/2 EL Salz, 50 g Butter oder Schmalz

Die Hälfte des Mehles in eine Schüssel geben, in die Mitte eine Grube drücken. Hefe zerbröckeln, mit Zucker und 1/2 Tasse lauwarmer Milch verrühren, in die Grube geben und etwas Mehl darüberstreuen, zudecken und an einem warmen Ort etwa 20 Minuten gehen lassen. In der Zwischenzeit die restliche Milch mit Salz und Fett lauwarm werden lassen. Wenn der Teig gegangen ist, die lauwarme Flüssigkeit zu dem Hefestück geben und alles mit dem Mehl in der Schüssel rühren, bis ein glatter Teig entsteht. Das restliche Mehl auf ein Backbrett geben, den Teig hineinlegen und nach und nach das Mehl einarbeiten. Den Teig so lange kneten, bis er nicht mehr an den Händen klebt. Dann wieder in die Schüssel legen, zudecken und an einem warmen Ort etwa 25 Minuten gehen lassen. Die Teigmenge muß sich ungefähr verdoppeln. Den Teig wieder kneten, einen Stuten formen, diesen auf ein gefettetes Blech legen und nochmals zugedeckt 15 Minuten gehen lassen. Danach in der vorgeheizten Röhre zu schöner Farbe backen. Nach dem Backen – wenn der Stuten schön glänzen soll – mit Milch bepinseln.
Backhitze: 200°; Backzeit: ca. 50 Minuten.

Buttermilchstuten

500 g Weizenmehl, 500 g Roggenmehl, 1/4 l Buttermilch, 250 g Magerquark, 40 g Hefe, 1/2 EL Zucker, 1/2 EL Salz, 60 g Butter oder Schmalz

Zubereitung wie beim Bauernstuten. Buttermilch, Quark, Zukker, Salz und Fett zusammen lauwarm untermengen.

Großer Mohnzopf

1 kg Mehl, 40 g Hefe, etwa 3/8 l lauwarmes Wasser, 1 Msp. Zucker, 1–2 Eier, 2 gekochte, durch die Presse gedrückte Kartoffeln, 60 g flüssige Butter oder Margarine, 1 EL Salz – zum Bestreichen: *1 Eigelb mit 2 EL Milch verquirlt* – zum Bestreuen: *Mohn*

Aus den angegebenen Zutaten einen Hefeteig bereiten und an einem warmen Ort zugedeckt aufgehen lassen. Danach den Teig auf ein mit Mehl bestäubtes Brett geben, in 9 gleichmäßige Stücke teilen und aus diesen fingerdicke Rollen drehen. Von 5 gedrehten Rollen einen Zopf flechten, indem man immer einen Teil über 2 Teile legt. Diesen Unterzopf auf ein gefettetes Backblech legen. Dann einen dreiteiligen Zopf flechten, auf den andern Zopf legen und die letzte Rolle der Länge nach auf den oberen Zopf legen. Etwa 15 Minuten gehen lassen, dann mit dem in Milch verquirlten Eigelb bestreichen, dick mit Mohn bestreuen und im vorgeheizten Rohr backen.
Backhitze: 190°; Backzeit: ca. 60 Minuten.

Große Mohnkipfel

Zutaten und Zubereitung wie für ›Großer Mohnzopf‹.

Den gegangenen Teig auf einem bemehlten Brett zu einem Viereck ausrollen, quer durchschneiden, so daß 2 gleiche Dreiecke entstehen. Jedes Dreieck von der breiten Seite hin zur Spitze aufrollen und zu einem Kipfel formen. Diese auf ein gefettetes Blech legen, mit verquirltem Eigelb bestreichen und dick mit Mohn bestreuen.
Backhitze: 190°; Backzeit: ca. 50 Minuten.

Statt Kuchen einmal süßes Brot

Wer gern zur festlichen Kaffeetafel oder zum Wochenende selbst Kuchen backt, sollte einmal ein Rezept für süßes Brot ausprobieren. Da für süßes Brot in der Regel weniger aufwendige Zutaten als für Kuchen gebraucht werden, war es, vor allem der Stuten, früher in ärmeren Familien der Ersatz für den obligaten Sonntagskuchen. Heute kommt die Einschränkung von Butter und Eiern aus anderen Gründen unseren Wünschen entgegen. Darüber hinaus ist lockeres, duftendes süßes Brot mit Marmeladen eine besondere Spezialität für jeden Kaffee- oder Teetisch.

Schwedisches Frühstücksbrot

25 g Hefe, 1/4 l lauwarme Milch, 80 g Zucker, 1 Eigelb, 100 g Butter, 1 Msp. Salz, 1 TL Zimt, 500 g Mehl – zum Bestreichen: *1 mit 2 EL Milch verquirltes Ei* – zum Bestreuen: *Hagelzucker und 1 EL gehackte Mandeln*

Die zerbröckelte Hefe mit etwas Zucker in wenig lauwarmer Milch auflösen und gehen lassen. Dann das Eigelb, die restliche Milch, zerlassene, abgekühlte Butter, Salz und Zimt zum Hefestück geben und das Mehl nach und nach einrühren. Den Teig gut abschlagen, bis er Blasen wirft und schön geschmeidig ist. Zugedeckt an einem warmen Ort gehen lassen, bis sich der Teig verdoppelt hat. Danach einen länglichen Laib daraus formen, auf der Oberseite mehrmals – am besten mit einer Schere – quer einschneiden, mit Eiermilch bestreichen und mit Zucker und Mandeln bestreuen. Auf ein gefettetes Blech legen und nochmals etwa 20 Minuten gehen lassen. In der vorgeheizten Röhre zu schöner Farbe backen.
Backhitze: 220°; Backzeit: ca. 25 Minuten.

Kuchenbrot

1 kg Weizenmehl, 60 g Hefe, 1/2 l lauwarme Milch, 180 g Zucker, 180 g Butter oder Margarine, abgeriebene Schale 1 Zitrone, 250 g Sultaninen

Einen Hefeteig nach Vorschrift zubereiten. Die Sultaninen zuletzt unter den Teig mischen. Den fertigen Teig zugedeckt an einem warmen Ort gehen lassen, bis er sich etwa verdoppelt hat. Dann in eine gut ausgefettete große Kastenform füllen und auf die untere Stufe der vorgeheizten Backröhre stellen. Den gebackenen Kuchen stürzen und auf einen Rost zum Auskühlen stellen.
Backhitze: 200°; Backzeit: ca. 45 Minuten.

Schleswig-Holsteinisches Hefebrot

ca. 500 g Mehl, 35 g Hefe, 1 Tasse Milch, 1 TL Zucker, 1 Ei, 125 g geschmolzene, abgekühlte Butter, 1/2 EL Salz, 80 g Zucker – zum Bestreichen: *1 mit 2 EL Milch verschlagenes Eigelb*

375 g Mehl in eine Schüssel geben. Die Hefe mit der kalten Milch und 1 TL Zucker quellen lassen, dann mit dem Ei und der Butter und dem Salz in das Mehl einrühren, gut kneten, bis ein glatter Kloß entsteht, der nicht mehr kleben darf. Diesen so lange in eine Schüssel mit lauwarmem Wasser legen, bis er schwimmt. Herausnehmen, den Zucker und so viel Mehl dazukneten, bis der Teig geschmeidig und nicht mehr klebrig ist. Auf einem bemehlten Brett ein Brot formen, auf ein gefettetes Blech legen, mit Eimilch bestreichen und in der vorgeheizten Röhre, auf der mittleren Schiene, backen. Mit einem Holzstäbchen die Garprobe machen. Es darf nichts daran kleben!
Backhitze: 200°; Backzeit: ca. 45 Minuten.

Ulmer Brot

300 g Semmelteig (beim Bäcker erhältlich), 1/2 Tasse lauwarme Milch, 50 g Butter oder Margarine, 125 g Zucker, 1 TL Anis, abgeriebene Schale 1 Zitrone, etwas Salz, 2 EL Rum oder Arrak, 3 Eier, etwa 500 g Mehl

In der lauwarmen Milch Butter oder Margarine und Zucker zergehen lassen. Mit dem Semmelteig glattrühren. Anschließend den Teig mit Anis, Zitronenschale und Salz würzen, Rum oder Arrak und die Eier einarbeiten und nach und nach das gesiebte Mehl. Den Teig auf dem Brett sehr gut abarbeiten, einen langen Wecken daraus formen und auf ein gefettetes, mit Mehl bestäubtes Backblech legen. Dabei dünn mit Mehl bestreuen und etwa 2–3 Stunden langsam gehen lassen. In der vorgeheizten Röhre bei mäßiger Hitze backen.
Backhitze: 180°; Backzeit: ca. 60 Minuten.

Tiroler Brot

250 g Mehl, 100 g Butter, 170 g Zucker, abgeriebene Schale 1/2 Zitrone, 1 TL Anis, 35 g feingeschnittenes Zitronat, 3 Eier, 375 g Semmelteig (beim Bäcker erhältlich) — zum Bestreichen: *1 verschlagenes Eigelb*

Das Mehl auf ein Brett sieben, Butter in Flöckchen geschnitten, Zucker, Zitronenschale, Anis, Zitronat und die Eier beigeben und einen glatten Teig arbeiten. Diesen mit dem Semmelteig gut vermischen und am Brett so lange abarbeiten, bis der Teig Blasen wirft. Daraus einen langen Wecken formen, diesen auf ein gefettetes, mit Mehl bestäubtes Blech legen und etwa 2–3 Stunden langsam gehen lassen. Dann mit Eigelb bestreichen und in der vorgeheizten Röhre zu schöner Farbe backen.
Backhitze: 180°; Backzeit: ca. 60 Minuten.

Wiener Milchbrot

500 g Mehl, 20 g Hefe, 3/8 l lauwarme Milch, 60 g Zucker, 80 g zerlassene Butter oder Margarine, 50 g gewaschene Rosinen, etwas Salz – zum Bestreichen: *1 Eigelb*

Die Hefe in 1/8 l lauwarmer Milch mit 1 TL Zucker auflösen, mit etwas Mehl verrühren und dieses Hefestück gehen lassen. Das restliche Mehl in eine Schüssel geben, mit den Rosinen und dem Salz vermischen. Restliche Milch, Zucker, abgekühlte zerlassene Butter oder Margarine und das gegangene Hefestück beigeben, alles zu einem Teig vermengen und diesen sehr gut abschlagen. An einem warmen Ort zugedeckt aufgehen lassen. Einen runden Laib formen, auf ein gefettetes Blech legen und nochmals 1/2 Stunde gehen lassen. Mit verquirltem Eigelb bestreichen und in der vorgeheizten Röhre zu schöner Farbe backen.
Backhitze: 200°; Backzeit: ca. 50 Minuten.

Safranbrot

500 g Mehl, 30 g Hefe, 1/4 l lauwarme Milch, 1 Prise gestoßener Safran, etwas kochendes Wasser, 100 g zerlassene Butter, 100 g Zucker, 1 TL Salz, 1 Msp. Kardamom, 50 g Rosinen, 25 g gehackte Mandeln – zum Bestreichen: *1 verquirltes Ei* – zum Bestreuen: *nach Wunsch Mandelsplitter*

Das Mehl in eine Schüssel geben, in die Mitte eine Grube drücken. Hefe in der lauwarmen Milch auflösen, in die Mehlgrube gießen und mit etwas Mehl verrühren. Dieses Hefestück etwa 10 Minuten gehen lassen. Dann den mit dem kochenden Wasser übergossenen und wieder abgekühlten Safran durch ein Mulläppchen beigeben, ebenso die abgekühlte Butter, Zukker, Salz, Kardamom, gewaschene, getrocknete Rosinen und

die Mandeln. Den Teig so lange kneten, bis er sich von den Händen und der Schüssel löst. Zugedeckt etwa 45 Minuten – der Teig muß sich verdoppeln – an einem warmen Ort gehen lassen. Danach auf einem bemehlten Brett ein längliches Brot daraus formen, auf ein gefettetes Blech legen, mit verquirltem Ei bestreichen und nach Wunsch mit Mandelsplittern bestreuen. Noch 5 Minuten gehen lassen und in der vorgeheizten Röhre zu schöner Farbe backen.
Backhitze: 200°; Backzeit: ca. 60 Minuten.

Rosinenbrot de Luxe

350 g Weizenmehl, 40 g Hefe, 1/8 l lauwarme Milch, 30 g Zucker, 30 g Butter oder Margarine, 1 Msp. Salz, 250 g Rosinen, 125 g gewaschene, getrocknete und in Stifte geschnittene Datteln

Die Hälfte des Mehles in eine Schüssel sieben. Hefe und Zukker in der Hälfte der lauwarmen Milch auflösen und in der Schüssel mit etwas Mehl verrühren, aber nicht gehen lassen. Sofort nach und nach die erweichte Butter oder Margarine, Salz, Rosinen und Dattelstifte unterrühren, ebenso die restliche Milch, zum Schluß das Mehl überstreuen und in den Teig einarbeiten. Bei Bedarf noch etwas Milch zugeben. Den Teig gut durchkneten, er darf aber keine Blasen werfen, dann etwa 1 Stunde zugedeckt gehen lassen. Danach in eine gefettete, mit Mehl bestäubte Kastenform füllen, nochmals 1/2 Stunde gehen lassen und im vorgeheizten Rohr backen. Das fertige Brot sofort nach dem Herausnehmen mit etwas gekochtem, dünnem Stärkewasser bestreichen, damit es einen schönen Glanz bekommt.
Backhitze: 200°; Backzeit: ca. 50 Minuten.
Dieses Brot eignet sich auch zum Toasten.

Russisches Milchbrot

500 g Mehl, knapp 1/4 l lauwarme Milch, 25 g Hefe, 80 g Butter oder Margarine, 50 g Zucker, 50 g Rosinen, 30 g geschälte, geriebene Mandeln, 1/8 l Rum, 1 Prise Salz, 1 Ei — zum Bestreichen: *1 verschlagenes Eigelb* — zum Bestreuen: *1 EL grober Zucker, 1 EL gehackte, geschälte Mandeln*

Aus den angegebenen Zutaten einen Hefeteig bereiten und diesen langsam, an einem warmen Ort, zugedeckt gehen lassen. Danach auf einem bemehlten Brett — wenn nötig noch etwas Mehl einarbeiten — den Teig in 3 gleichmäßig große Teile teilen, einen Zopf flechten und auf ein leicht gefettetes Blech legen. Nochmals, aber nur kurz, gehen lassen, mit Eigelb bestreichen, mit Zucker und Mandeln bestreuen und in der vorgeheizten Röhre zu schöner Farbe backen.
Backhitze: 200°; Backzeit: 45 Minuten.

Hefekringel

30 g Hefe, 1/4 l lauwarme Milch, 250 g Butter, 60 g Zucker, 2 Eier, 1/2 EL Salz, abgeriebene Schale 1 Zitrone, 500 g Mehl — zum Bestreichen: *1 verquirltes Ei*

Die Hefe in der lauwarmen Milch auflösen und 10 Minuten gehen lassen. Butter, Zucker, Eier schaumig rühren, Salz und Zitronenschale beigeben, dann das gegangene Hefestück und das Mehl unterrühren. Den Teig so lange schlagen, bis er Blasen wirft und sich von der Schüssel löst. Zugedeckt etwa 30 Minuten an einen warmen Ort stellen. Der Teig muß sich verdoppeln. Danach auf einem bemehlten Brett den Teig nochmals durchkneten, einen Kringel daraus formen und auf ein gefettetes Blech legen. Mit verquirltem Ei bepinseln, etwa 5 Minuten gehen lassen und in der vorgeheizten Röhre zu schöner Farbe backen.
Backhitze: 200°; Backzeit: ca. 35 Minuten.

Quarkbrot, süß

2 Eier, 80 g Zucker, 250 g Magerquark, abgeriebene Schale 1 Zitrone, 1 Msp. Salz, 375 g Mehl mit 1 Päckchen Backpulver vermischt

Eier und Zucker schaumig rühren, Quark, Zitronenschale und Salz beifügen. Nach und nach die Hälfte des mit Backpulver vermischten Mehles einrühren. Das restliche Mehl auf ein Backbrett geben und in den Teig kneten. Den glatten Teig in eine gefettete, mit Mehl bestäubte Kastenform legen und in der vorgeheizten Röhre goldgelb backen.
Backhitze: 200°; Backzeit: ca. 45 Minuten.
Dieses Brot hält sich besonders lange frisch und schmeckt am besten mit Butter bestrichen.

Schokoladenbrot

500 g Mehl, 40 g Hefe, 1/4 l lauwarme Milch, 1 EL Zucker, 1 Ei, 80 g Butter oder Margarine, 80 g gebröckelte Kochschokolade

Einen Hefeteig nach Vorschrift zubereiten und alle Zutaten bis auf die Schokoladenbröckchen hinzugeben. Den Teig sehr gut abschlagen, dann die Schokoladenbröckchen untermengen und den Teig zugedeckt gehen lassen. In eine gefettete Kastenform füllen, nochmals 15 Minuten gehen lassen und in der vorgeheizten Röhre backen.
Backhitze: 200°; Backzeit: ca. 45 Minuten.

Korinthenbrot

500 g Mehl, 40 g Hefe, 1/4 l lauwarme Milch, 1 EL Zucker, 50 g Butter oder Margarine, 1 Prise Salz, 250 g in Rum eingeweichte, abgetrocknete Korinthen

Zubereitung wie ›Schokoladenbrot‹.

Englisches Früchtebrot

280 g Butter, 140 g Zucker, 4 Eigelb, 4 Eiweiß, abgeriebene Schale 1 Zitrone, 1 TL Zimt, 1/2 TL Nelkenpulver, 1 Msp. Muskat, 280 g Mehl – Früchtemischung: *250 g Rosinen, 80 g geschälte, gestiftelte Mandeln, je 80 g feingeschnittene Feigen und Datteln, 130 g geschnittenes Zitronat; Rum*

Früchte mischen, mit Rum tränken und über Nacht stehen lassen. Am nächsten Tag Butter, Zucker, Eigelb schaumig rühren, Zitronenschale, Gewürze und Mehl zugeben, den steifen Eischnee unterheben und zum Schluß die Früchtemischung untermengen. Die Masse in eine mit Pergamentpapier ausgelegte, viereckige Kuchenform oder Backpfanne geben und im vorgeheizten Rohr langsam backen. Den erkalteten Kuchen in Alufolie packen und erst nach 3 Tagen anschneiden. In Folie eingepackt hält sich der Kuchen wochenlang frisch.
Backhitze: 180°; Backzeit: ca. 90 Minuten.

Kletzenbrot

300 g gedörrte Birnen, 125 g Zucker, je 50 g blättrig geschnittene Mandeln und Haselnüsse, abgeriebene Schale einer ungespritzten Zitrone, 1 TL Zimt, 1/2 TL Nelkenpulver, 1 Gläschen Zwetschgenbranntwein, 300 g Roggenmehl mit einem Päckchen Backpulver vermischt, etwas Kletzenwasser

Gedörrte Birnen kochen, gut abtropfen lassen und kleinschneiden. Mit Mandeln, Nüssen, Zitronenschale, Gewürzen und Branntwein gut vermischen und das mit Backpulver vermischte Mehl gut einarbeiten. Sollte der Teig zu fest sein, etwas Kletzenwasser beigeben. Die Masse in eine gut gefettete, mit Mehl bestäubte Kastenform füllen und im vorgeheizten Rohr backen.
Backhitze: 200°; Backzeit: ca. 50 Minuten.

Früchtebrot

3 Eier, 100 g Rohzucker, 1 TL Zimt, 1 Msp. Nelkenpulver, 1 Päckchen Vanillezucker, 125 g Vollkornmehl mit 1 Päckchen Backpulver vermischt, 3–4 EL Fruchtsaft, 125 g geriebene Haselnüsse oder Mandeln, 125 g in feine Streifen geschnittene Feigen, 125 g Rosinen, 60 g gehacktes Zitronat oder Orangeat

Eier und Rohzucker zu einer Schaummasse rühren. Gewürze und Vanillezucker beigeben, dann nach und nach das mit dem Backpulver vermischte Mehl und den Fruchtsaft einrühren. Zum Schluß geriebene Haselnüsse oder Mandeln, Feigenstreifen, gewaschene, abgetrocknete und in Mehl gewälzte Rosinen, Zitronat und Orangeat daruntermengen. Den Teig in eine ausgefettete, mit Mehl bestäubte Kastenform füllen und in der vorgeheizten Röhre backen.
Backhitze: 200°; Backzeit: ca. 60 Minuten – im ausgeschalteten Ofen noch 10 Minuten stehen lassen.

Poschweck

500 g Mehl, 30 g Hefe, 3/8 l lauwarme Milch, 25 g Zucker, 25 g Butter, 1 TL Salz, 180 g Würfelzucker

Das Mehl in eine Schüssel sieben, in die Mitte eine Grube drücken und die in lauwarmer Milch aufgelöste Hefe hineinschütten. Alles gut verrühren, den Teig abschlagen und zugedeckt an einem warmen Ort gehen lassen, bis die Oberfläche rissig ist. Dann die angewärmte Butter, Zucker, Salz und den Würfelzucker unterkneten. Auf einem bemehlten Brett einen Brotlaib formen, auf ein gefettetes Blech legen und zugedeckt etwa 20 Minuten gehen lassen. In der vorgeheizten Röhre backen.
Backhitze: 200°; Backzeit: ca. 40 Minuten.

Amerikanisches Bananen-Nußbrot

30 g weiche Margarine, 400 g reife, pürierte Bananen, 2 Eier, 200 g Zucker, 3 EL Milch, 250 g Mehl mit 2 TL Backpulver vermischt, 100 g gehackte Haselnüsse — zum Belegen: *2 Bananen, geschält, halbiert und mit etwas Zitronensaft beträufelt*

Aus Margarine, Bananenpüree, Eiern und Zucker eine Schaummasse herstellen. Dann die Milch, nach und nach das mit Backpulver vermischte Mehl einrühren und zum Schluß die gehackten Haselnüsse untermengen. Die Masse in eine gefettete, mit Mehl bestäubte Springform (26 cm Durchmesser) füllen und mit den der Länge nach halbierten, mit Zitronensaft beträufelten Bananenhälften belegen. In der vorgeheizten Röhre langsam backen.
Backhitze: 180°; Backzeit: ca. 90 Minuten.

Hutzelbrot

500 g Hutzeln (Dörrbirnen), 500 g gedörrte Zwetschgen, 500 g Feigen, je 250 g grobgehackte Haselnüsse und Mandeln, je 100 g in dünne Streifen geschnittenes Orangeat und Zitronat, 1000 g Schwarzbrotteig (vom Bäcker), 500 g Weinbeeren (halb Rosinen, halb Korinthen), 1/2 TL Salz, 1 EL Zimt, 1 TL gestoßene Nelken, 1 TL Anis, etwa 125 g schwarzes Mehl

Hutzeln und Zwetschgen über Nacht einweichen, am nächsten Tag von den Birnen Stengel und Blüte entfernen, dann etwa 15 Minuten kochen, abkühlen lassen und die Zwetschgen entsteinen. Kochwasser aufheben! Birnen vom Gehäuse befreien. Birnen und Zwetschgen in kleine Stücke schneiden, die Feigen

ebenfalls. Die Hälfte des Schwarzbrotteiges in eine bemehlte Schüssel geben, Zutaten – bis auf Nüsse und Mandeln – und Gewürze über den Teig geben, alles gut durchkneten. Zum Schluß auch die Nüsse und Mandeln. Die zweite Teighälfte auf einem bemehlten Brett dünn ausrollen, mit der Hutzelbrühe bestreichen, Teig-Fruchtmasse daraufgeben, in den Teig einhüllen und auf ein gefettetes Backblech legen. Zugedeckt an einem warmen Ort noch 15 Minuten gehen lassen. Dann mit Hutzelbrühe bestreichen, mit einer Gabel einigemal vorsichtig einstechen und in der vorgeheizten Röhre backen. Noch heiß wieder mit Hutzelbrühe bestreichen, damit das Brot schön glänzt.
Backhitze: 200°; Backzeit: ca. 50 Minuten.

Kalifornisches Pflaumenbrot

2 Tassen Milch, 1 TL Salz, 20 g Hefe, 7 Tassen Mehl, 4 TL geschmolzenes Nierenfett, 1 Tasse kleingeschnittene Pflaumen

Milch erhitzen und wieder abkühlen lassen, bis sie lauwarm ist. Salz, die in 1/4 Tasse Wasser aufgelöste Hefe und 2 Tassen Mehl zugeben. Teig schlagen, bis er geschmeidig ist, und 1/2 Stunde an einem warmen Platz aufgehen lassen. Zucker, Nierenfett, Pflaumen und das übrige Mehl hinzugeben. Teig wieder gut verkneten und auf einem bemehlten Brett ausrollen. In eine ausgefettete Schüssel füllen, zudecken und noch einmal gehen lassen, bis er sich verdoppelt hat. Teig teilen, in zwei ausgebutterte Backformen füllen und noch einmal leicht gehen lassen. Bei mittlerer Hitze in der vorgeheizten Röhre backen. Herausnehmen, mit geschmolzener Butter bestreichen und an einem kühlen, zugfreien Platz aufbewahren.
Backhitze: 200°; Backzeit: ca. 45 Minuten.

Brezeln, Brötchen, Semmeln, Knüppel, Pfennigmuggerl und wie sie alle heißen …

Wie das Brot haben auch die Brötchen oder Semmeln und ihre unzähligen, landschaftsbezogenen Sonderformen eine eigene Geschichte. Die meisten Brötchen haben sich wohl aus den schon vorher erwähnten Gebildbroten entwickelt, die, wie ihr Name sagt, über den praktischen Zweck der Nahrung hinaus absichtsvoll gestaltet waren. Die Deutungen ihres Ursprungs sind verschieden, am wahrscheinlichsten ist es, daß zwei Vorstellungen zusammengeflossen sind: die bildnerisch geformten Brote sind Ablösung von Opfern (z. B. das Zopfgebäck als Ersatz des Haaropfers) und wirkliche Speiseopfer gewesen. Vielfach wurden sie auch als Grabbeigaben verwendet, wobei der häufig auf die Gebäcke gestreute Mohn an den Tod als Bruder des Schlafes erinnern sollte. Die verblüffende Übereinstimmung mehrerer bis heute erhaltener Brötchenformen mit bronzezeitlichem Schmuck legt die Vermutung nahe, daß es sich auch bei diesen ursprünglich um den Ersatz für Grabbeigaben gehandelt hat.

Die interessanteste und bekannteste Form dieser Brötchen ist die Brezel, über deren symbolischen Gehalt es zahlreiche Deutungen gibt. Der Name geht vermutlich auf das lateinische Wort bracchium (= Arm) zurück, käme somit aus der mittelalterlichen Sprache der Klöster, in denen die Brezel als Gebäck schon sehr früh eine große Rolle gespielt hat, und bezieht sich auf die Deutung, daß die Form die zum Gebet verschränkten Arme symbolisiert. Daneben gilt die Brezel auch als Darstellung des Sonnenrades, so daß auch hier wieder heidnische und christliche Bildvorstellungen zusammengeflossen sind.

Im Volksbrauch erschienen Brezeln besonders zur Fastenzeit, so heißt z. B. der Sonntag Lätare im Allgäu noch heute Brezensonntag. Allgemein populär wurde die Brezel, als sie im 14. Jh.

zum Zunftzeichen der Bäcker wurde, die sie außerdem als Ladenschild verwendeten. Bei der Entstehung dieses Brauches mag neben dem ornamentalen Reiz, den dieses Gebäck durch die verschlungenen Linien hat, auch die im Mittelalter sehr stark verbreitete Vorstellung mitgespielt haben, daß durch die knotenförmige Schlinge böse Geister vom Hause ferngehalten würden.

Es würde zu weit führen, auf jede Form der Brötchen im einzelnen einzugehen. Neben den schon erwähnten Mohnzöpfen und Brezeln haben auch die länglichen Schrippen, die ursprünglich Hochzeitsgebäck waren, die Hamburger Rundstücke, die im Gegensatz zu gewöhnlichen Semmeln bis heute länglich sind, und viele andere ihre eigene Geschichte. Sehr viel jünger sind die Franzbrote, deren Name an die Besatzung der napoleonischen Kriege erinnert, als die französischen Soldaten die an Schwarzbrot gewöhnten Niederdeutschen durch ihre luftigen Weizenbrote erstaunten.

Die in ganz Deutschland gebräuchlichste Form haben die runden, quer oder spiralig eingeschnittenen Weizenbrötchen oder Semmeln, die bei uns als klassischer Bestandteil des Frühstücks gelten.

Nur wenigen Bäckereien ist es heute noch möglich, ihren Kunden morgens frische Brötchen zum Frühstück ins Haus zu liefern. Wenn man keine Gelegenheit hat, sie sich schnell frisch aus der Bäckerei zu holen, sind die Semmeln, die man im Supermarkt bekommt, nur ein kümmerlicher Ersatz. Um wenigstens gelegentlich noch in den Genuß von köstlich duftenden, frischen Brötchen zu kommen, die besonders gut zum ausgedehnten Sonntagsfrühstück passen – was ein besonderer Luxus ist, da der Sonntag früher ja der brötchenlose Tag war –, sollten Sie eins der folgenden Rezepte versuchen. Wenn man die Zwischenzeit, die zum Aufgehen des Teigs notwendig ist, geschickt einplant, ist der zeitliche Aufwand gering, da die einzelnen Arbeitsgänge, besonders wenn man etwas Routine hat, wenig Zeit erfordern.

Selbstgemachte Gewürzbrötchen, bei denen man ruhig, wenn

einem der Grundteig vertraut ist, auf eigene Faust experimentieren kann, sind bei Festen etc. eine köstliche Beilage zur späten scharfen Suppe, zum Käseessen, zu Gegrilltem, zur deftigen Brotzeit oder zur süß-salzigen Tee-Einladung.

Brötchen

250 g Mehl, 1/8 l lauwarme Milch, 20 g Hefe, 1 TL Zucker, 1 EL zerlassene Butter oder Margarine, 1 TL Salz – zum Bestreichen: *1 verschlagenes Eigelb*

Das Mehl in eine Schüssel sieben, in die Mitte eine Grube drücken. In der lauwarmen Milch die Hefe und den Zucker auflösen, in die Mehlgrube gießen und mit etwas Mehl verrühren (Vorteig). Wenn die Hefe gegangen ist, alle weiteren Zutaten beigeben und den Teig sehr gut abschlagen. Gleichmäßige Brötchen daraus formen, diese auf ein gefettetes Backblech setzen, nochmals gehen lassen und, bevor man sie in das vorgeheizte Rohr stellt, mit einem scharfen Messer in der Mitte einschneiden. Mit verquirltem Eigelb bestreichen und zu schöner Farbe backen.
Backhitze: 200°; Backzeit: ca. 20 Minuten.

Einfache Semmeln

500 g Mehl, 25 g Hefe, 1/4 l lauwarmes Wasser, 1 EL Salz

Aus den angegebenen Zutaten einen Hefeteig bereiten und diesen gut abschlagen. Nicht gehen lassen! Auf einem bemehlten Brett eine Rolle formen, gleichmäßig große Stücke abschneiden, jedes Teigstück zu einer runden Semmel rollen und auf ein gefettetes Backblech setzen. Nach dem Aufgehen wenden und sogleich in der vorgeheizten Röhre hellgelb backen.
Backhitze: 200°; Backzeit: ca. 15 Minuten.

Bauernsemmeln

500 g Weizenmehl, 25 g Hefe, 1/4 l lauwarme Flüssigkeit (halb Milch/halb Wasser), je 1 gestrichener EL Salz, Zukker und Margarine, nach Wunsch zum Würzen etwas Fenchel oder Anis

Das Mehl in eine Schüssel sieben, Hefe in der lauwarmen Flüssigkeit auflösen und mit allen anderen angegebenen Zutaten unter das Mehl rühren. Den Teig sehr intensiv kneten, so daß ein mittelfester Teig entsteht. Zugedeckt etwa 30 Minuten gehen lassen. Danach den Teig auf einem bemehlten Brett ausrollen, in 15 Teile schneiden und auf einem rauhen Schneidebrett in der hohlen Hand zu Kugeln formen; die rauhe Seite der Kugeln mit wenig Fett bestreichen und auf ein mit Mehl bestäubtes Tuch setzen. Mit einem Tuch zudecken und noch etwa 30 Minuten gehen lassen. Danach mit der unbemehlten Seite auf ein gefettetes Blech setzen und in der vorgeheizten Röhre backen.
Backhitze: 250°; Backzeit: ca. 25 Minuten.

Brötchen mit Joghurt

4 Tassen Weizenmehl, 1/2 Tasse Butter, Salz nach Geschmack, 1/4 l Joghurt, Pflanzenöl zum Ausbacken

Das Mehl mit dem Salz in eine Schüssel sieben, die Butter schmelzen, zu dem Mehl geben und alles 10 Minuten zwischen den Fingern reiben. Dann den Joghurt hinzufügen, den Teig gut durchkneten und 30 Minuten ruhen lassen. Anschließend kleine Bällchen formen und diese auf einem bemehlten Brett dünn ausrollen. Das Öl auf 200° erhitzen (oder bis zum Rauchpunkt) und die Brötchen nacheinander ausbacken, wie es im vorigen Rezept beschrieben wurde.

Schnellgebackene Frühstückshörnchen

Selbstverständlich können Sie auch aus diesem Teig Semmeln oder Stangen formen. Ebenso ein langes Sandwichbrot daraus backen, das dann aufgeschnitten mit einem passenden Belag zum Tee gereicht werden kann.

1/2 l lauwarme Milch, 30 g Hefe, 1 TL Zucker (wer das Gebäck süßer wünscht, gibt an den Teig dementsprechend mehr Zucker), 1 TL Salz, etwa 650 g Mehl – zum Bestreichen: *2 verschlagene Eigelb*

In die lauwarme Milch die Hefe bröckeln und den Zucker einrühren. An einen warmen Ort stellen, bis die Hefe gegangen ist. Dann das mit dem Salz vermischte Mehl nach und nach gut einarbeiten. Den Teig auf einem mit Mehl bestreuten Backbrett nochmals durchkneten, in 6 gleich große Stücke teilen und jedes Teigstück zu einem halbfingerdicken runden Fladen ausrollen. Jeden Fladen in 3 Teile schneiden. Die so entstandenen Dreiecke zu einem Hörnchen formen und auf ein gefettetes Backblech legen. Die Hörnchen mit Eigelb bestreichen und ohne sie nochmals gehen zu lassen in der vorgeheizten Röhre zu goldbrauner Farbe backen. Ein köstliches Gebäck!
Backhitze: 220°; Backzeit: ca. 15 Minuten.

Milchsemmeln

500 g Mehl, 25 g Hefe, knapp 1/4 l lauwarme Milch, 1 TL Zucker, 30 g flüssiges, wieder abgekühltes Schmalz, 1 TL Salz – zum Bestreichen: *lauwarme Milch*

Zuerst ein Hefestück (Dämpfl) nach Vorschrift zubereiten und gut gehen lassen. Dann die restlichen Zutaten in den Teig einarbeiten, und den Teig so lange am Brett kneten, bis er Blasen wirft. Dann teilt man ihn in etwa 20 gleichmäßig große Teile,

formt Laibchen daraus und legt sie zum Aufgehen auf ein bemehltes Tuch. Mit einem leicht bemehlten Tuch zudecken. Nach dem Aufgehen drückt man mit einem Messerrücken die Semmeln in der Mitte gut ein, wendet sie und läßt sie nochmals zugedeckt kurze Zeit ruhen. Dann legt man sie mit der Schnittseite nach oben auf ein gefettetes Blech und bestreicht sie mit lauwarmer Milch. Man schiebt sie auf die mittlere Schiene der vorgeheizten Backröhre und bäckt sie zu schöner Farbe.
Backhitze: 200°; Backzeit: ca. 20 Minuten.

Brezeln zum Frühstück und Kaffee

500 g Mehl, 1/8 l lauwarme Milch, 40 g Hefe, 100 g Zucker, 100 g Butter oder Margarine, 1 Ei, 1 Prise Salz – zum Bestreichen: *1 mit etwas Milch verschlagenes Eigelb* – zum Bestreuen: *2 EL gehackte Mandeln*

Aus den angegebenen Zutaten einen normalen Hefeteig bereiten – Hefestück, Dämpferl oder Vorteig 15 Minuten gehen lassen – den fertigen Teig aber gleich weiter verarbeiten. Entweder 10 gleichmäßig große oder nur 2 gleichgroße Brezeln formen. Dafür den gut abgeschlagenen Teig halbieren, aus jeder Hälfte eine Rolle von etwa 70 cm Länge machen. Jedes Ende der Rolle mit einem spitzen Messer viermal je 10 cm tief einschneiden. Diese fingerähnlichen Streifen sollen wie zwei Hände aussehen, die man ineinanderlegt und damit die Brezelform vollendet. Die zweite Teighälfte ebenso zu einer großen Brezel formen (beim Formen von 10 Brezeln entfällt die Handformung). Die Brezeln auf ein gefettetes Backblech legen und 15 Minuten an einem warmen Ort zugedeckt gehen lassen. Dann mit verschlagenem Eigelb bestreichen, mit gehackten Mandeln bestreuen und das Blech in den vorgeheizten Backofen auf die mittlere Schiene stellen.
Backhitze: 220°; Backzeit: ca. 15 Minuten kleine, ca. 20 Minuten große Brezeln.

Milchhörnchen, einfach

500 g Weizenmehl, 30 g Hefe, 1/4 l lauwarme Milch, 50 g Butter oder Margarine, 1 Ei, je eine Prise Salz und Zukker – zum Bestreichen: *etwas Butter, etwas Milch*

Das Mehl in eine Schüssel sieben und in die Mitte eine Grube drücken. Die zerbröckelte Hefe in etwas lauwarmer Milch mit einer Prise Zucker auflösen, in die Mehlgrube gießen und mit etwas Mehl verrühren. Die Butter oder Margarine in Flöckchen auf den Heferand verteilen und das Hefestück zugedeckt gehen lassen. Die restliche Milch, Ei und Salz beigeben und alles zu einem festen Teig verarbeiten, der gut abgeschlagen werden muß. Zugedeckt gut gehen lassen. Ein Backbrett mit Mehl bestäuben, den Teig darauf ausrollen. In etwa 15 gleichmäßige Quadrate schneiden und diese in Dreiecke teilen. Jedes Dreieck mit etwas zerlassener Butter bestreichen und von der breiten Seite zur Spitze hin zu einem Hörnchen aufrollen. Die Hörnchen auf ein gefettetes Blech legen, mit lauwarmer Milch bestreichen und in der vorgeheizten Röhre zu schöner Farbe backen.
Backhitze: 200°; Backzeit: ca. 15 Minuten.

Brioches

Auch Apostelkuchen, Seher- oder Prophetenkuchen genannt – das beliebte Frühstücksgebäck der Franzosen.

500 g Mehl, 125 g Butter oder Margarine, 40 g Hefe, 1 EL Zucker, 1/4 l lauwarme Milch, 3 Eigelb, 1 Msp. Salz, abgeriebene Schale von 1/2 Zitrone – zum Bestreichen: *1 verschlagenes Eigelb*

Mehl und Butter oder Margarine zusammen verbröseln. Die Hefe mit dem Zucker in der Milch auflösen und samt den anderen Zutaten zu dem Mehl-Fettgemisch geben. Den Teig so

lange schlagen, bis er Blasen wirft. Dann zugedeckt an einem warmen Ort aufgehen lassen, bis er sich verdoppelt hat. Auf einem bemehlten Brett zu einer langen Rolle formen und 20 gleichmäßige Stücke davon abschneiden. Von jedem Stück 1/4 Teig wegnehmen. Von den großen und von den kleinen Teigstücken Kugeln formen. Wenn Teigförmchen vorhanden, dann erst die großen Teigkugeln in die eingefetteten Formen setzen, eine Mulde hineindrücken, mit Eigelb bestreichen und die kleinen Kugeln daraufsetzen. Ebenfalls mit Eigelb bestreichen. Wenn keine Förmchen vorhanden sind, müssen die großen Teigkugeln auf ein gefettetes Backblech gesetzt werden. Die geformten Brioches nochmals 10 Minuten gehen lassen. Dann in der vorgeheizten Röhre auf der mittleren Schiene zu schöner Farbe backen.
Backhitze: 210°; Backzeit: ca. 20 Minuten.

Hamburger Tischbrot

500 g Mehl, 30 g Hefe, 1/4 l kalte Milch, 2 TL Salz — zum Bestreichen: *1 verschlagenes Eiweiß* — zum Bestreuen: *Mohn oder Kümmel*

Die Hefe in eine Schüssel bröckeln und mit der Milch glattrühren. Die Hälfte des Mehles beigeben, alles zu einem weichen Teig vermengen und diesen zugedeckt an einem warmen Ort 1 Stunde gehen lassen. Danach das übrige Mehl und das Salz einarbeiten und den Teig auf einem bemehlten Brett gut durchkneten. Kleine gleich große Brötchen daraus formen, auf ein gut gebuttertes Backblech legen, mit verquirltem Eiweiß bestreichen, mit Mohn oder Kümmel und Salz bestreuen und das Blech 1/2 Stunde an einen warmen Ort stellen. In der vorgeheizten Röhre backen.
Backhitze: 220°; Backzeit: ca. 15 Minuten.

Münchner Kipfel

500 g Mehl, $^1/_8$ l lauwarme Sahne, 1 Päckchen Hefe, 1 TL Zucker, $^1/_8$ l kalte Sahne mit 1 TL Salz verrührt, 125 g Butter oder Margarine – zum Bestreichen: *etwas zerlassene Butter, 1 verschlagenes Eigelb*

Das Mehl in eine Schüssel sieben, in die Mitte eine Grube drücken. In der lauwarmen Sahne die Hefe mit dem Zucker auflösen, in die Mehlgrube gießen und mit etwas Mehl verrühren. Zudecken und an einen warmen Ort stellen. Wenn das Hefestück gegangen ist, die mit dem Salz verrührte kalte Sahne einarbeiten. Den Teig auf ein bemehltes Backbrett geben und die Butter in Stückchen geschnitten in den Teig kneten. Wenn der Teig ganz glatt ist, mit einem Tuch bedeckt auf dem Brett 15 Minuten ruhen lassen. Danach dünn ausrollen, in etwa 8 cm breite Streifen schneiden und diese in gleich große Dreiecke schneiden. Kipfel daraus formen, auf ein leicht gefettetes Blech legen, mit zerlassener Butter bestreichen und zugedeckt gehen lassen. Danach mit Eigelb bestreichen und in der vorgeheitzten Röhre zu schöner Farbe backen.
Backhitze: 220°; Backzeit: 15 Minuten.

Kümmelzöpfchen

500 g Weizenmehl, 30 g Hefe, $^1/_4$ l lauwarme Milch, 1 Ei, 50 g Butter oder Margarine, etwas Salz – zum Bestreichen: *1 verschlagenes Eiweiß* – zum Bestreuen: *etwas Kümmel und Salz*

Das Mehl in eine Schüssel sieben und in die Mitte eine Grube drücken. Die zerbröckelte Hefe in etwas lauwarmer Milch auflösen, in die Mehlgrube gießen und mit etwas Mehl verrühren. Die Butter oder Margarine in Flöckchen auf dem Heferand verteilen. Das Hefestück zugedeckt gehen lassen. Dann die rest-

liche Milch, Ei und Salz beigeben und alles zu einem festen Teig verarbeiten, der gut abgeschlagen werden muß. Zugedeckt gut gehen lassen. Ein Backbrett mit Mehl bestäuben und den Teig darauf in etwa 10 g schwere Teilchen schneiden. Aus diesen dünne, gleich lange Röllchen formen und je 3 zu einem Zöpfchen flechten. Die Enden gut zusammendrücken und die Zöpfchen auf ein gefettetes Blech legen. Mit verschlagenem Eiweiß bestreichen, mit Kümmel und Salz bestreuen und sofort in das vorgeheizte Rohr schieben.
Backhitze: 200°; Backzeit: ca. 15 Minuten.

Englische Karfreitagsbrötchen

Sie sind eigentlich heidnischen Ursprungs und wurden erst später zu einem christlich religiösen Symbol. Ihre richtige Bezeichnung ist ›Hot Cross Buns‹, ›Heiße Kreuz-Brötchen‹ – sie werden ganz frisch gebacken gegessen.

500 g Mehl, 1 Päckchen Hefe, reichlich 1/8 l lauwarmes Wasser, 60 g Zucker, 2 Eier, 60 g Butter oder Margarine, je 1 gestrichener TL Salz und Zimt, 1/2 TL gemahlener Ingwer, 150 g Korinthen, 50 g fein gehacktes Zitronat – zum Bestreichen: *1 Eigelb mit 1 EL Milch verquirlt*

Einen Hefeteig nach Vorschrift zubereiten, sehr gut abschlagen, bis er Blasen wirft und sich vom Schüsselrand löst. Zugedeckt an einen warmen Ort stellen, bis er sich verdoppelt hat. Dann auf einem bemehlten Brett durchkneten, eine Rolle formen und diese in 12 Teile schneiden. Jedes Teil zu einem runden Laib formen, auf ein gefettetes Blech legen und 20 Minuten gehen lassen. Mit Eiermilch bestreichen und mit einer Schere kreuzförmig leicht einschneiden. In der vorgeheizten Röhre zu schöner Farbe backen.
Backhitze: 220°; Backzeit: ca. 15 Minuten.

Muffins

Die Engländer lieben dieses einfache, lockere Hefeteiggebäck zu ihrem Tee.

500 g Mehl, 30 g Hefe, 1/4 l lauwarme Milch, 50 g Butter, 1 Prise Salz – zum Bestreichen: *1 verschlagenes Eigelb*

Einen Hefeteig nach Vorschrift zubereiten und so lange schlagen, bis er Blasen wirft und sich vom Schüsselrand löst. Zugedeckt an einem warmen Ort 20 Minuten gehen lassen. Dann auf einem bemehlten Brett aus dem Teig eine Rolle formen, 14 gleichmäßig große Teile abschneiden und diese zu einer Kugel formen. In gefettete Muffins-Formen legen oder in selbst gebildete Förmchen aus starker Alufolie. Diese Förmchen müssen auch gefettet werden. Nochmals 20 Minuten gehen lassen, mit Eigelb bestreichen und in der vorgeheizten Röhre zu schöner Farbe backen.
Backhitze: 200°; Backzeit: ca. 20 Minuten.

Kleine Krachbrote

500 g Mehl, 25 g Hefe, knapp 1/4 l lauwarme Milch, 1 TL Zucker, 1 TL Salz, 2 Eier, 50 g Butterschmalz – zum Bestreichen: *1 verschlagenes Eigelb* – zum Bestreuen: *etwas grobes Salz und Kümmel*

Einen Hefeteig zubereiten, sehr gut abschlagen und gleich – ohne ihn gehen zu lassen – auf einem bemehlten Brett dünn ausrollen. Kleine, gleichmäßig große Rechtecke oder Rauten ausschneiden und diese auf ein gefettetes Blech legen. Zugedeckt aufgehen lassen. Danach mit Eigelb bestreichen, mit Salz und Kümmel bestreuen und in der vorgeheizten Röhre zu schöner Farbe backen. Diese Krachbrote schmecken besonders gut zu Bier und Wein.
Backhitze: 190°; Backzeit: ca. 20 Minuten.

Laugenbrezeln (Süddeutsche Spezialität)

500 g Mehl, 20 g Hefe, knapp 1/4 l lauwarme Milch, 1 TL Salz – zur Lauge: *1 l Wasser, 1 EL Salz, 2 EL Soda* – zum Bestreuen: *etwas grobes Salz*

Das Mehl in eine Schüssel geben, in die Mitte eine Grube drücken und die in der lauwarmen Milch aufgelöste Hefe hineingeben und mit etwas Mehl zu einem Hefestück verrühren. Wenn dieses gegangen ist, das Salz zufügen und den Teig tüchtig abschlagen. Er muß fest sein. Leicht mit Mehl bestäuben, zudecken und über Nacht kalt aufgehen lassen. Am nächsten Tag auf einem bemehlten Brett gleichmäßig große Brezeln formen, mit einem Tuch bedecken und nochmals aufgehen lassen. Inzwischen das Wasser mit Salz und Soda zum Kochen bringen. Nacheinander die Brezeln kurz in das siedende Wasser halten, dann sofort auf ein gefettetes, mit Mehl bestäubtes Blech legen, mit Salz bestreuen und im vorgeheizten Rohr zu goldbrauner Farbe backen.
Backhitze: 220°; Backzeit: ca. 15 Minuten.

Salz- oder Kümmelstangen

Zutaten und Zubereitung wie Weißbrot mit Hefe (s. S. 80). Zum Bestreichen: 1 mit etwas Wasser verschlagenes Eigelb, Salz, Kümmel. Den fertigen Teig auf einem bemehlten Brett dünn ausrollen. In Quadrate von 12x12 cm schneiden. Jedes Quadrat über Eck zu einer Stange aufrollen und diese auf ein gefettetes Blech legen. Zugedeckt etwa 15 Minuten gehen lassen. Mit Eigelb bestreichen, mit Salz und Kümmel oder nur mit Salz bestreuen und in der vorgeheizten Röhre zu schöner Farbe backen.
Backhitze: 190°; Backzeit: ca. 15 Minuten.
Selbstverständlich eignet sich dieser Teig auch für gewöhnliche Brötchen.

Baltische Kümmelbrötchen

500 g Mehl, 30 g Hefe, 1/4 l lauwarme Milch, 1 TL Salz – zum Bestreuen: *etwas Kümmel* – zum Füllen: *etwa 50 g Butter* – zum Bestreichen: *1 verquirltes Eigelb*

Aus den angegebenen Zutaten einen Hefeteig nach Grundrezept zubereiten. Zugedeckt an einem warmen Ort gehen lassen, bis sich an der Oberfläche Risse zeigen. Auf einem bemehlten Brett den Teig nochmals gut durchkneten, kleine Kugeln daraus formen, diese auf ein gut gefettetes Blech setzen, mit Kümmel bestreuen, in die Mitte jeder Kugel eine kleine Vertiefung drücken und mit einem Stückchen Butter füllen. Die Brötchen noch einmal etwa 15 Minuten gehen lassen. Das Blech auf die Mittelschiene der vorgeheizten Röhre schieben. Wenn sich die Brötchen nach etwa 15 Minuten zu bräunen beginnen, das Blech herausnehmen, die Brötchen rasch mit verquirltem Eigelb bestreichen, wieder in das Rohr schieben und zu Ende backen. Backhitze: 200°; Backzeit: ca. 25 Minuten.

Dampfbrötchen

500 g Weizenmehl, 30 g Hefe, 1/8 l lauwarme Milch, 1/8 l lauwarmes Wasser, 1 Prise Zucker, 20 g Butter oder Margarine, 1 TL Salz – zum Bestreichen: *etwas Fett*

Einen Hefeteig nach Vorschrift zubereiten und sehr gut abschlagen. Den Teig in der Schüssel zusammenschieben. Mit lauwarmem Wasser bestreichen und mit einer vorgewärmten Schüssel zudecken. An einem warmen Ort gehen lassen. Danach den Teig auf ein bemehltes Brett legen, eine Rolle daraus formen und diese in 15 Teile schneiden. Zu Brötchen formen und jedes Brötchen mit einem Holzstiel in der Mitte quer durch tief eindrücken. Brötchen umdrehen und das Eindrücken wiederholen. Die Brötchen auf ein gefettetes, mit Mehl bestäubtes

Backblech setzen, dünn mit Fett bepinseln und nochmals kurz gehen lassen. In die vorgeheizte Röhre schieben und dabei eine Tasse Wasser auf den Boden der Backröhre gießen. Die Backröhre rasch schließen, damit kein Dampf aus dem Rohr entweichen kann. Die fertigen Brötchen mit Wasser bepinseln, damit sie schön glänzen.
Backhitze: 220°; Backzeit: ca. 20 Minuten.

Kleine Piroggen (Pirochki)

(Russisches Rezept)

250 g Mehl, 200 g Butter oder Margarine, 1 Ei, 1 EL Wasser, etwas Salz – zum Bestreichen: *1 verschlagenes Eigelb*

Vorschläge für Piroggenfüllungen:
angebratenes Rinderhackfleisch, mit etwas gekochtem Reis, gehackter Zwiebel vermischt und mit Salz und Pfeffer abgeschmeckt;
feingewiegte Fleischreste aller Art, pikant abgeschmeckt;
zerkleinerte Fischreste, mit hartgekochten, gehackten Eiern vermischt;
mit Zwiebeln gedünstete Pilze;
feingewiegte Reste von gekochtem Wirsing und Weißkraut;
kleine gebratene Leberstückchen, mit gekochtem Reis, Speckwürfeln und einigen Korinthen vermischt.

Aus Mehl, Butter oder Margarine, Ei, Wasser und Salz einen glatten Teig arbeiten und mindestens 1 Stunde kühl stellen. Danach messerrückendick ausrollen, runde Plätzchen im Durchmesser von etwa 6 cm ausstechen. In die Mitte eines jeden Teigstückes etwas von der gewünschten Fülle geben, die Hälfte der Teigscheibe darüberklappen, Ränder fest zusammendrücken, mit Eigelb bestreichen und in der vorgeheizten Röhre zu schöner Farbe backen. Zu Wein, Bier, als Vorspeise oder Zwischengericht reichen.
Backhitze: 200°; Backzeit: ca. 20 Minuten.

Gefüllte Kümmelbrötchen

500 g Mehl, 25 g Hefe, knapp 1/4 l lauwarme Milch, 1 TL Zucker, 1 EL Salz, 2 Eier, 70 g Butter oder Margarine – zum Bestreichen: *1 verschlagenes Eigelb* – zum Füllen: *1/8 l saure Sahne mit 3 Eigelb, 1 TL Kümmel und 1 Msp. Salz vermischt* – zum Bestreuen: *Kümmel*

Einen Hefeteig zubereiten, sehr gut abschlagen und ohne ihn gehen zu lassen auf einem bemehlten Brett in 14 gleich große Teile schneiden. Aus jedem Teigstück ein Laibchen formen und diese auf ein gefettetes Backblech setzen. Mit einem Tuch bedecken und aufgehen lassen. Inzwischen die Fülle bereiten. Die aufgegangenen Brötchen mit Eigelb bestreichen, in die Mitte mit einem Kochlöffelstiel eine Grube drücken – die Größe etwa eines Markstückes – und in jede Grube 1 EL Fülle geben. Brötchen zum Schluß noch mit Kümmel bestreuen und in der vorgeheizten Röhre zu goldbrauner Farbe backen.
Backhitze: 200°; Backzeit: ca. 30 Minuten.

Gefüllte Zwiebelbrötchen

Zutaten und Zubereitung wie ›Gefüllte Kümmelbrötchen‹, nur gibt man statt Kümmel in die Fülle 1 mittelgroße, gewiegte und in etwas Butter oder Margarine gedünstete Zwiebel und würzt die Fülle mit 1/2 TL Paprika.

Gefüllte Speckbrötchen

Hefeteig bereiten wie für ›Gefüllte Kümmelbrötchen‹ – Füllung: *100 g Speckwürfel, 2 EL gehackte Zwiebel* – zum Bestreichen: *1 mit 1 EL Milch verschlagenes Eigelb*

Den gut abgeschlagenen Hefeteig auf einem bemehlten Brett ausrollen, Plätzchen von etwa 6 cm Durchmesser ausstechen und auf dem Brett liegen lassen. Mit einem Tuch bedecken.

Nach dem Aufgehen auf die Hälfte der Plätzchen die Fülle verteilen. Dafür die Zwiebel in den goldgelb gerösteten Speckwürfeln mit anrösten. Mit den ungefüllten Teigblättchen abdecken, die Ränder gut zusammendrücken, auf ein gefettetes Blech legen und mit Eigelb bestreichen. In der vorgeheizten Röhre zu goldgelber Farbe backen.
Backhitze: 200°; Backzeit: ca. 30 Minuten.
Anstelle der Speckwürfel kann auch gewiegter Schinken verwendet werden.

Mohn-, Sesam- und Leinsamengebäck

1 kg Weizenmehl, 60 g Hefe, ca. 1/2 l lauwarmes Wasser, 20 g Salz – zum Bestreichen: *1 mit 1 EL Wasser verschlagenes Eigelb* – zum Bestreuen: *nach Wunsch Mohn, Sesam oder Leinsamen*

Das Mehl in eine Schüssel sieben, eine Grube in die Mitte drükken. Hefe mit etwas lauwarmem Wasser anrühren, in die Grube gießen und mit etwas Mehl verrühren. Zudecken und diesen Vorteig 10 Minuten gehen lassen. Danach das Salz beigeben und nach und nach das restliche Wasser. Den Teig gut abschlagen und zugedeckt 1 Stunde gehen lassen. Dann auf einem bemehlten Brett aus dem Teig eine Rolle formen, gleichmäßig große Teile abschneiden und aus diesen Brötchen formen. Auf ein gefettetes Blech legen, noch 15 Minuten gehen lassen, mit Eiwasser bestreichen und beliebig bestreuen. In der vorgeheizten Röhre backen.
Backhitze: 190°; Backzeit: ca. 20 Minuten.

Käsebrötchen

Zutaten und Zubereitung wie obiges Rezept – nur zum Bestreuen der Brötchen geraspelten Käse verwenden.

Kartoffelbrötchen

500 g Mehl, 20 g Hefe, 3/8 l lauwarme Milch, 250 g in der Schale gekochte Kartoffeln, 40 g Zucker, 1 Ei, 1 TL Salz, 80 g Butter oder Margarine – zum Bestreichen: *1 mit etwas Milch verquirltes Eigelb*

Mehl in eine Schüssel sieben und in die Mitte eine Grube drükken. Die Hefe in etwas lauwarmer Milch auflösen, in die Grube gießen und mit etwas Mehl verrühren. Zudecken und das Hefestück aufgehen lassen. Kartoffeln schälen, durch eine Kartoffelpresse drücken oder passieren. Dann zu dem gegangenen Hefestück die restliche Milch, Zucker, Ei, Salz und flüssige, abgekühlte Butter oder Margarine und die passierten Kartoffeln geben. Alles zu einem glatten Teig verarbeiten. Gut durchkneten und an einem warmen Ort zugedeckt gehen lassen. Aus dem gegangenen Teig gleichmäßig große Laibchen formen, auf ein gefettetes Blech legen und nochmals 10 Minuten gehen lassen. Mit verquirltem Eigelb bestreichen und in der vorgeheizten Röhre zu schöner Farbe backen.
Backhitze: 200°; Backzeit: ca. 30 Minuten.

Zwiebelbrötchen

500 g Mehl, 40 g Hefe, 4 EL lauwarmes Wasser, 1/4 l Milch, 60 g Butter oder Margarine, 40 g Zucker, 1 TL Salz, 1 EL gehackte Petersilie, 1 TL Selleriesalz, 1 Msp. Salbei, 1 große feingehackte, geröstete Zwiebel – zum Bestreichen: *etwas zerlassene Butter*

Das Mehl in eine Schüssel geben, in die Mitte eine Grube drücken und die in lauwarmem Wasser aufgelöste Hefe hineingeben. Mit etwas Mehl verrühren und diesen Vorteig zugedeckt einige Minuten gehen lassen. Die Milch erwärmen, Butter oder Margarine, Zucker und Salz darin auflösen und diese lau-

warme Flüssigkeit mit dem Vorteig und dem übrigen Mehl vermengen. Petersilie, Selleriesalz, Salbei und geröstete Zwiebeln untermischen und den Teig sehr gut abschlagen. Er muß sich vom Schüsselrand lösen. Zugedeckt an einem warmen Ort etwa 15 Minuten gehen lassen. Auf einem bemehlten Brett eine Rolle aus dem gegangenen Teig formen, diese in 25–30 gleichmäßige Scheiben schneiden und jede Scheibe zu einem runden Brötchen formen. Auf ein gefettetes Blech legen und nochmals etwa 30 Minuten zugedeckt gehen lassen. Mit zerlassener Butter bestreichen und in der vorgeheizten Röhre backen. Ausgekühlt, aber frisch servieren. So schmecken sie am besten.
Backhitze: 220°; Backzeit: ca. 30 Minuten.

Weizenschrotbrötchen

3/4 l lauwarme Milch, 1500 g Weizenschrot, 30 g Hefe, 100 g Butter – zum Bestreichen: *1 verquirltes Ei*

1/2 l lauwarme Milch in eine Schüssel gießen und 1000 g Weizenschrot nach und nach einrühren. Den Teig so lange schlagen, bis er sich vom Löffel löst. Der Teig muß am Anfang sehr fest sein, weil er beim Gären dünner wird. Evtl. zusätzlich Weizenschrot dazugeben. Dann stellt man ihn beiseite. In der restlichen lauwarmen Milch die Hefe auflösen und mit 500 g Weizenschrot verrühren. Dieses Hefestück zugedeckt an einem warmen Ort aufgehen lassen. Danach die Butter schaumig rühren, mit den beiden Teigen gründlich vermischen, den Teig gut kneten und zugedeckt nochmals gehen lassen, bis sich an der Oberfläche Risse bilden. Auf einem bemehlten Brett aus dem gegangenen Teig ovale gleichmäßig große Brötchen formen, auf ein gefettetes, mit Mehl bestäubtes Blech legen, mit verquirltem Ei bestreichen und in der vorgeheizten Röhre backen, bis sie sich leicht vom Blech lösen lassen.
Backhitze: 180°; Backzeit: ca. 50 Minuten.

Semmeln aus Weizenschrot

250 g Weizenschrot, 250 g Weizenmehl, 40 g Hefe, 1 Msp. Zucker 1/8 l lauwarme Milch, 1/4 l lauwarmes Wasser, 1 TL Salz – zum Bestreichen: *Öl*

Einen Hefeteig nach Vorschrift zubereiten und sehr gut durchkneten. Mit lauwarmem Wasser bestreichen und in der zugedeckten Schüssel aufgehen lassen. Danach den Teig auf ein bemehltes Brett geben, zu einer Rolle formen und 16 gleichmäßig große Teigstücke abschneiden. Längliche Semmeln formen, auf ein leicht gefettetes Blech legen und mit Öl bepinseln. Nochmals aufgehen lassen und auf die mittlere Schiene des vorgeheizten Ofens stellen. Dabei gleichzeitig eine Tasse Wasser auf den Boden der Backröhre gießen, das Rohr rasch schließen, damit kein Dampf entweichen kann.
Backhitze: 220°; Backzeit: ca. 20 Minuten.
Diese Semmeln können auch nach Wunsch mit etwas Kümmel bestreut werden.

Kaffeebrötchen

500 g Mehl, 1/8 l lauwarme Milch, 30 g Hefe, 20 g Zucker, 50 g Butter, 1 Ei, 1 Msp. Salz, 50 g Korinthen – zum Bestreichen: *etwas Milch*

Aus den angegebenen Zutaten einen ziemlich festen Hefeteig bereiten, und diesen zugedeckt an einem warmen Ort gehen lassen, bis er sich verdoppelt hat. Ein Backbrett mit Mehl bestäuben, darauf den Teig nochmals durcharbeiten, eine längliche Rolle formen und gleichmäßig große Teilchen abschneiden. Aus jedem Teil ein rundes Brötchen formen, und diese auf ein gefettetes Blech setzen. Nochmals etwa 10 Minuten gehen lassen, mit Milch bestreichen und in die vorgeheizte Röhre schieben.
Backhitze: 200°; Backzeit: ca. 15 Minuten.

Berliner Schusterjungen

Welcher echte Berliner Junge kennt nicht dieses herrliche, einfache Salzbrötchen, mit Gänseschmalz bestrichen. Mancher liebt es auch mit Harzer Käse. Und hier das Rezept:

400 g Roggenmehl, 200 g Weizenmehl, 30 g Hefe, 3/8 l lauwarmes Wasser, 1 Prise Zucker, 2 TL Salz

Einen Hefeteig nach Vorschrift zubereiten und sehr gut abschlagen. Den Teig auf einem bemehlten Brett zu einer Rolle formen und gleichmäßig große Stücke abschneiden. Diese zu Bällchen formen, etwas flachdrücken und auf ein gefettetes, mit Mehl bestäubtes Backblech setzen. Mit einem Tuch abdecken und aufgehen lassen. Danach das Gebäck mit etwas Mehl bestäuben und auf die mittlere Schiene des vorgeheizten Backrohres schieben.
Backhitze: 220°; Backzeit: ca. 60 Minuten. Den Herd abschalten und das Gebäck noch 5 Minuten bei geschlossenem Rohr stehen lassen.

Short bread

375 g Mehl, 125 g Reismehl, 125 g Zucker, 300 g Butter

Butter rechtzeitig warm stellen, damit sie bei der Zubereitung geschmeidig ist. Dann mit den übrigen Zutaten in eine Schüssel geben und alles gut durchkneten. Den Teig 15 Minuten kühl stellen, auf einem bemehlten Brett 1 cm dick ausrollen und runde, kleine Kuchen ausstechen. Auf ein leicht gefettetes Blech setzen und in der vorgeheizten Röhre backen.
Backhitze: 200°; Backzeit: ca. 20 Minuten.
Diese kleinen Teekuchen schmecken besonders gut mit Marmelade.

Indische Brötchen (Purles)

4 Tassen Weizenmehl, 2 Tassen Vollkornmehl, Salz nach Geschmack, 1/2 Tasse geschmolzene Butter, Pflanzenöl zum Ausbacken

Das Vollkornmehl und das Weizenmehl zusammen mit dem Salz in eine Schüssel sieben, langsam die geschmolzene Butter dazugeben und alles 10 Minuten zwischen den Fingern reiben. Anschließend so viel Wasser zugeben, daß ein fester, formbarer Teig entsteht. Diesen mit einem feuchten Tuch bedecken und 30 Minuten stehen lassen. 24 kleine Bälle formen (so groß wie Pingpongbälle) und schön dünn ausrollen. Inzwischen das Öl in einem schweren Topf oder einer Ölpfanne auf 200° erhitzen und die Fladen nacheinander darin ausbacken. Die Brötchen gehen besonders schön auf, wenn sie immer mit einer Gabel unter der Oberfläche gehalten werden. Nach ungefähr 1 Minute ist ein Brötchen fertig.

Roggenmischbrötchen

Je 250 g Weizen- und Roggenmehl, 30 g Hefe, reichlich 3/8 l warmes Wasser, 40 ml Zitronenwürzmittel (konzentrierter Zitronensaft anstelle von Sauerteig), je 1 gestrichener EL Salz, Zucker und Margarine, 1/2 TL gemahlener Kümmel

Weizen- und Roggenmehl in eine Schüssel sieben. Hefe in einem Teil der angegebenen Wassermenge auflösen und mit dem Mehl und allen anderen Zutaten zu einem weichen Teig verarbeiten. Diesen etwa 30 Minuten gehen lassen. Dann auf ein Brett reichlich Mehl geben und den Teig darauf zu einer Rolle formen. In 15 gleichmäßige Teile schneiden, und auf ein gefettetes Blech setzen. Die mit Mehl bedeckten Teigstücke zudecken, an einem warmen Ort etwa 40 Minuten gehen lassen. Dann in der vorgeheizten Röhre backen.
Backhitze: 250°; Backzeit: ca. 30 Minuten.

Kümmellaibchen

1 kg Roggenmehl, 3/8 l Sauerteig, 1/2 l lauwarmes Wasser, 1 1/2 EL Salz, 1 EL Kümmel

Das Roggenmehl in eine Schüssel sieben, in die Mitte den Sauerteig mit 1/8 l lauwarmem Wasser geben und mit so viel Teig verrühren, daß ein dicklicher Pfannkuchenteig entsteht. Zudecken und über Nacht an einem warmen Ort gehen lassen. Am nächsten Tag das restliche lauwarme Wasser zugießen, Salz und Kümmel beigeben und alles gut verkneten. Am besten zuerst in der Schüssel kneten und wenn sich der Teig von den Händen löst, noch auf einem leicht bemehlten Brett weiter kneten, bis er ganz geschmeidig ist. Wieder in die Schüssel legen und zugedeckt etwa 2 Stunden gehen lassen. Danach nochmals kneten, beliebig große Laibchen formen und auf dem bemehlten Brett zugedeckt nochmals 1 Stunde gehen lassen. Dann auf ein gefettetes Blech setzen, mit Wasser bestreichen und in der Mitte der Länge nach mit einem scharfen Messer einschneiden. Auf die mittlere Schiene des vorgeheizten Backrohres stellen.
Vorhitze: 10 Minuten bei 250°; Backhitze: 200°; Backzeit: ca. 40 Minuten.

Rundstück warm

4 Rundstücke, 8 Scheiben Kalbs- oder Schweinebraten (Reste), 4 Gewürzgurken, Bratensauce (Rest)

Die frischen Rundstücke (außerhalb Hamburgs kann man auch Brötchen nehmen) werden halbiert und jede Seite mit einer dicken Bratenscheibe und den der Länge nach aufgeschnittenen Gewürzgurken belegt. Dann gießt man die sehr heiße Bratensauce darüber. Statt der Gewürzgurken kann man auch Salatblätter und Tomatenscheiben nehmen.

Süße Brötchen mit Grieß

250 g Mehl, 250 g feiner Grieß, 40 g Hefe, 50 g Zucker, 1/4 l lauwarme Milch, abgeriebene Schale 1/2 Zitrone, 1 Msp. Salz – zum Bestreichen: *1 Eigelb mit 2 EL Dosensahne verrührt*

In einer Schüssel Mehl und Grieß gut vermischen. Hefe und Zucker in der lauwarmen Milch auflösen und nach und nach unter das Mehl-Grießgemisch rühren, den Teig gut abschlagen und mit Salz und Zitronenschale würzen. Zum Aufgehen zugedeckt an einen warmen Ort stellen. Danach gleichmäßig große, runde Brötchen daraus formen und auf ein gefettetes Blech setzen. Kurz gehen lassen, dann mit dem mit Dosensahne verquirlten Eigelb bestreichen und in die Mitte der vorgeheizten Röhre stellen. Zu schöner Farbe backen.
Backhitze: 200°; Backzeit: ca. 20 Minuten.

Prager Roggenbrötchen (Dalamánky)

500 g Roggenmehl, 100 g gekochte, durch ein Sieb gedrückte Kartoffeln, 20 g Hefe, knapp 3/8 l lauwarme Milch oder lauwarmes Wasser, etwas Salz und Kümmel

Das Mehl in eine Schüssel sieben, passierte Kartoffeln und etwas Salz auf den Mehlrand verteilen und in die Mitte des Mehles eine Grube drücken. Die Hefe in der lauwarmen Flüssigkeit auflösen, nach und nach in die Mehlgrube gießen und mit etwas Mehl verrühren. Die Schüssel zudecken und das Hefestück gehen lassen. Danach alles zu einem festen Teig verarbeiten, gut durchkneten und wieder zugedeckt gehen lassen. Ein Backbrett mit Mehl bestäuben, den Teig daraufgeben und in 20 Teile teilen. Aus jedem Teil ein längliches Laibchen formen. Diese auf ein gut gefettetes Backblech legen

und nochmals einige Minuten gehen lassen. Kurz bevor man sie in das vorgeheizte Rohr schiebt, die Brötchen der Länge nach an der Seite leicht einschneiden, mit lauwarmem Wasser bestreichen und leicht mit Salz und Kümmel bestreuen.
Backhitze: 200°; Backzeit: ca. 15 Minuten.
In Prag reicht man dieses Gebäck besonders gerne zu Gulasch, und man darf auch ohne weiteres den Gulaschsaft damit ausstippen. Man serviert es auch zu anderen Fleisch-, Gemüse- oder Eiergerichten.

Birnensemmeln

Je 500 g gedörrte Birnenschnitze und Zwetschgen, 1 kg Mehl, 40 g Hefe, 500 g Feigen, 250 g kleingehackte Walnüsse, 250 g Mandeln, 500 g Rosinen und Sultaninen, 150 g Zitronat, 100 g Orangeat, 3 TL Zimt, 250 g Zucker, 1 Prise Salz – zum Bestreichen: *Zuckerwasser*

Die Birnen und Zwetschgen über Nacht einweichen. Birnen weichkochen. Aus Mehl, Hefe und Obstbrühe einen Hefeteig bereiten, etwas gehen lassen und die übrigen, zum Teil kleingeschnittenen Zutaten dazugeben. Teig gut durcharbeiten, bis er sich von der Schüssel löst. Nochmals gehen lassen; wenn er Risse bekommt, kleine Laibchen formen. Diese auf einem gefetteten Blech gehen lassen, mit der Schnitzbrühe bestreichen und bei guter Hitze backen. Mit Zuckerwasser bestreichen.
Hier ist zu beachten, daß alle Zutaten nicht zu kalt verwendet werden, am besten Zimmertemperatur. Die Semmeln, die erkaltet aufgeschnitten und mit Butter gerne zum nachmittäglichen Kaffee gegessen werden, werden sonst fest. Man kann aus dem gleichen Teig auch ein Schnitz- oder Hutzelbrot bereiten.
Backhitze: 220°; Backzeit: ca. 45 Minuten.

Quarkbrötchen

500 g Mehl, 30 g Hefe, $^1/_4$ l lauwarme Milch, 1 EL Zucker, 200 g Magerquark, 80 g Butter oder Margarine, 1 Ei, etwas Salz – zum Bestreichen: *1 mit 2 EL Milch verschlagenes Eigelb*

Das Mehl in eine Schüssel sieben, in die Mitte eine Grube drücken, und die in der Milch aufgelöste Hefe und den Zucker hineingeben und mit etwas Mehl zu einem Vorteig verarbeiten. Die Schüssel zudecken und an einem warmen Ort aufgehen lassen. Dann erst die übrigen angegebenen Zutaten beigeben, den Teig gut abarbeiten und wiederum gehen lassen, bis er sich verdoppelt hat. Danach auf ein bemehltes Brett geben, eine Rolle formen und aus dieser etwa 24 Teile schneiden. Die Teigstücke zu Bällchen formen, auf ein gefettetes Blech setzen und einige Minuten gehen lassen. Mit verschlagenem Eigelb bestreichen und in der vorgeheizten Röhre zu schöner Farbe backen.
Backhitze: 200°; Backzeit: ca. 25 Minuten.
Diesem Teig können auch noch einige Korinthen beigemischt werden.

Instant-Rezepte – die Zubereitung ist so einfach

Die Fertig-Erzeugnisse ermöglichen es auch einem Anfänger, sein Brot selber zu backen. Diese Produkte sind so zusammengesetzt, daß man mit Leichtigkeit in kurzer Zeit ein vollwertiges Brot frisch aus dem eigenen Ofen genießen kann. Wer möchte das nicht einmal ausprobieren! Die Grundrezepte sind auf den Packungen angegeben, ebenso alle möglichen Geschmacksvariationen. Im übrigen ist der Phantasie ein weiter Spielraum gelassen, und Sie können mit Liebe immer wieder neue Formen und Arten auf den Tisch bringen und Familie und Gäste damit überraschen!

Ungesäuerte Brote

Die Feste des jüdischen Jahres haben ihre besonderen Gebräuche und Speisen. So sind das ungesäuerte Brot und das Bitterkraut das Sinnbild der Sklaverei, das »Brot des Elends«, sie erinnern an die Hast der Befreiungsstunde, die dem Volk Israel nicht Zeit ließ, die Gärung des Brotteiges abzuwarten. An Ostern, dem »Pessach«-Fest, erinnert man sich wieder an die Erlösung Israels aus der ägyptischen Herrschaft.
In Wohnungen und Geschäften muß vor diesen Festtagen alles Gesäuerte verbraucht werden. Die Brote und Semmeln für das Osterfest werden nicht aus dem üblichen Mehl zubereitet, sondern man verwendet Mazzesmehl und Mazzesbröseln, oder man ißt anstelle von Brot und Semmeln Mazzesbrot, das nur aus Mehl und Wasser ohne Säure gebacken wird.

Mazzesbrötchen für das »Pessach«-Fest

3 Eier, 1/2 TL Salz, 3/4 Tasse Fleischbrühe oder Milch, 1 Tasse Mazzesmehl, 1/3 Tasse Kuchenmehl, 4 EL geschmolzenes Hühnerfett oder Butter

Die Eier mit dem Salz schaumig schlagen, Fleischbrühe oder Milch einrühren und dann abwechselnd Mazzes- und Kuchenmehl. Den Teig gut durcharbeiten, zum Schluß das ausgelassene Fett untermischen. Den Teig in 12 gefettete Törtchen- oder Briocheformen zu zwei Drittel füllen (der Teig geht auf) und in der vorgeheizten Röhre backen.
Backhitze: 200°; Backzeit: ca. 30 Minuten.

Für Hochzeiten und andere Festlichkeiten werden die geflochtenen Brote aus feinem Hefeteig zubereitet.

Feiner Hefeteig

1000 g feines Mehl, 40 g Hefe, etwa $^3/_8$ l lauwarme Milch, 150 g Puderzucker, 5 Eigelb, abgeriebene Schale $^1/_2$ Zitrone, $^1/_2$ TL Salz, 1 Msp. Muskat, 50 g geschälte, gemahlene Mandeln, 2 bittere Mandeln, 125 g Rosinen – zum Bestreichen: *1 verquirltes Eigelb*

Zubereitung wie geflochtenes Brot aus einfachem Hefeteig (s. S. 84).

Bester Hefeteig

500 g Mehl, 30 g Hefe, $^1/_4$ l lauwarme Milch oder Wasser, 1 Msp. Salz, 125 g Puderzucker, 4 Eigelb, 125 g Butter oder Schmalz, 80 g gestiftelte Mandeln, 125 g in Rum eingeweichte Rosinen, 50 g kleingeschnittenes Zitronat, abgeriebene Schale $^1/_2$ Zitrone – zum Bestreichen: *1 verquirltes Eigelb* – zum Bestreuen: *gestiftelte Mandeln und Zucker*

Zubereitung wie geflochtenes Brot aus einfachem Hefeteig (s. S. 84).

Loosbrot

Die Bezeichnung dieses Brotes ist zurückzuführen auf das Loosfest, auch Purim genannt, das erinnern soll an die Errettung der Juden aus großer Gefahr (Schilderung im Buche Esther). Dieses Fest wird mit viel Freude gefeiert, es werden Geschenke an Freunde und Arme verabreicht. An diesem Tag sind auch auserwählte Bäckereien und besonders geflochtene Brote mit Rosinen sehr beliebt. Das heutige Loosbrot ist ein Vollkornbrot aus geschrotetem Roggen, ohne Sauerteiggärung.

Geflochtene Brote (Barches)

Aus einfachem Hefeteig werden sie am Sabbat gegessen, der wöchentlicher Feiertag ist. Die Hausfrau muß dieses Brot selber zubereiten und backen. Die Tradition verlangt, daß sie ein Stückchen Teig als Opfer mit einem bestimmten Spruch ins Feuer wirft.

Einfacher Hefeteig: 500 g Mehl, 30 g Hefe, 1/4 l lauwarmes Wasser, 1 TL Salz, 1 Msp. Muskat – zum Bestreichen: *1 Eigelb* – zum Bestreuen: *Mohn*

Einen Hefeteig nach üblicher Art zubereiten und zum Gehen an einen warmen Ort stellen. Wenn der Teig gegangen ist, wird er auf einem mit Mehl bestreuten Brett in 10 Teile geteilt und die Teile zu gleich langen Rollen geformt. Zuerst aus 5 Rollen einen Zopf flechten, dann aus 3 und schließlich aus 2 Rollen. Die Zöpfe aufeinanderlegen, die Enden gut zusammendrücken und auf ein gefettetes Blech legen. Nochmals gehen lassen, dann mit verquirltem Eigelb bestreichen, mit Mohn bestreuen und in der vorgeheizten Röhre backen.
Backhitze: 200°; Backzeit: ca. 45 Minuten.

Überschlagene Mazzes

Die Menge der Zutaten nach Bedarf: Mazzes, Eier, Schmalz, Zimtzucker.
Die Eier gut verschlagen, die Mazzes darin kurz eintauchen und in einer Pfanne von beiden Seiten in heißem Schmalz zu schöner Farbe backen. Noch heiß mit Zimtzucker bestreuen.

Was man mit Brot sonst noch machen kann

Natürlich dürfen in einem speziellen Brotkochbuch auch die vielen Rezepte, deren wesentlichstes Ingredienz Brot ist, nicht fehlen. Neben vielen modernen Spezialitäten werden Sie sich beim Lesen sicherlich an das eine oder andere Gericht wieder erinnern, denn in den letzten Jahren sind viele Brotgerichte wegen der veränderten Eßgewohnheiten sehr zu Unrecht in Vergessenheit geraten. Gräbt man jedoch in alten Kochbüchern, findet man eine Fülle köstlichster Rezepte, wie Pumpernickel-Gefrorenes, Götterspeise mit Schwarzbrot (zu der Henriette Davidis die Anmerkung macht: Besonders bei Herren beliebt), Brotbiersuppe und vieles andere . . .
Die Zubereitung dieser Kochantiquitäten ist durchaus lohnend!

Brotsuppe, salzig und süß

Allein der Name erweckt schon Erinnerungen – und nicht immer die besten. Wer hat als Kind schon gerne Brotsuppe gegessen! Ausgenommen Kinder aus dem Rheinland – denn die Rheinische, süße Brotsuppe mit Rosinen, Zimt, Zitronat ist nicht zu Unrecht eine Spezialität der Rheinländer. Brotsuppe erinnert an Märchen, an Kriege, Hungersnot und Armut. Sie ist eine Suppe ohne Ende, denn sie hat es so an sich, daß sie beim Erkalten immer dicker wird und daher immer wieder mit neuer Flüssigkeit – je nach Suppenart mit Wasser, Brühe oder Milch – verdünnt werden muß. Doch der Volksmund behauptet, daß sie mit jedem Aufwärmen besser wird. Für alle Brotsuppen ist dieser Spruch bestimmt nicht gültig. Brotsuppen also nie in großen Portionen kochen.

Einfache Brotsuppe

30 g Fett, 1 kleingeschnittene Zwiebel, 1 feingeraspelte Möhre, 50 g altes, geriebenes Brot, 1 l gut abgeschmeckte, beliebige Brühe, 1 EL feingeschnittener Schnittlauch

In dem heißen Fett die Zwiebelstückchen goldgelb andünsten, geraspelte Möhre und geriebenes Brot beigeben, mit Brühe auffüllen und die Suppe gut durchkochen lassen. Mit Schnittlauch bestreut anrichten.

Bäuerliche Brotsuppe

300 g trockenes Bauernbrot, 50 g Fett, 1 gehackte Zwiebel, Salz, Pfeffer, Paprika, 2–3 Eier – zum Bestreuen: *1 EL gehackte Petersilie*

Das trockene Brot reiben. In dem heißen Fett mit der Zwiebel anrösten, mit 1¼ l Wasser auffüllen, würzen und 15 Minuten leise kochen lassen. Die Eier versprudeln und in die kochende Suppe einlaufen lassen. Die Suppe vom Herd nehmen, nochmals abschmecken und mit Petersilie bestreut servieren.

Vollkornbrotsuppe

125 g Vollkornbrot (auch Leinsamen- oder Grahambrot), 30 g Fett, 2 EL gehackte Zwiebel, 2 EL Mehl, 1 l Fleisch- oder Würfelbrühe, ⅛ l Sahne – zum Bestreuen: *1 EL feingeschnittener Schnittlauch*

Das Brot in Scheiben schneiden und ohne Fett rösten. In dem heißen Fett die Zwiebel goldgelb rösten, mit Mehl bestäuben und mit der Fleischbrühe auffüllen. Das Brot hinzugeben und die Suppe 10 Minuten durchkochen lassen. Im Mixer pürieren oder durch ein Sieb streichen, mit der Sahne verfeinern – die Suppe dann nicht mehr kochen lassen. Mit Schnittlauch bestreut servieren.

Schwarzbrotsuppe

150 g altes Schwarzbrot, 30 g Fett, 1 EL gehackte Zwiebel, 3 EL kleingeschnittenes Suppengemüse, 1 1/4 l Würfelbrühe, Salz, Pfeffer – zum Legieren: *1 Eigelb mit 2 EL Sahne verrührt* – zum Bestreuen: *1 EL geschnittener Schnittlauch*

Schwarzbrot in Wasser einweichen und gut ausdrücken. In dem heißen Fett mit der Zwiebel und dem Suppengemüse anrösten, mit Brühe auffüllen, würzen und 20 Minuten leise kochen lassen. Nach Wunsch im Mixer pürieren, durch ein Sieb streichen oder auch grob lassen, mit dem mit Sahne verrührten Eigelb legieren. Wenn die Suppe zu dick sein sollte, noch mit etwas Brühe oder Wasser verdünnen. Nochmals abschmecken und mit Petersilie bestreut anrichten.

Schnelle Schwarzbrotsuppe

(1 Person)

Einen Suppenteller mit Knoblauch ausreiben. 1 Scheibe Schwarzbrot in dünne Scheiben schneiden und in den Teller geben. Darüber 1/4 l heiße, gut abgeschmeckte Fleischbrühe gießen und nach Wunsch 1 frisches Ei hineinschlagen. Mit Schnittlauch bestreuen.

Brotsuppe mit Fleisch

300 g Brotreste (Schwarz- oder Weißbrot, auch gemischt), Salz, Pfeffer, Muskatnuß, 1/2 Lorbeerblatt, 1 1/4 l Wasser, Fleisch- oder Knochenbrühe, 100 g Hackfleisch, 1 EL gehackte Petersilie

Das Brot zerkleinern, mit kalter Flüssigkeit und allen Gewürzen zum Kochen bringen und etwa 10 Minuten kochen lassen. Dann durch ein Sieb streichen, das Hackfleisch einrühren und nochmals einige Minuten kochen lassen. Abschmecken und mit Petersilie bestreut anrichten.

Geröstete Brotmehlsuppe

80 g Brotmehl, 30 g Fett, $1^1/_4$ l beliebige Brühe, etwas Suppenwürze — zum Bestreuen: *2 EL feingeschnittener Schnittlauch*

In dem heißen Fett das Mehl gelb anrösten, mit etwas Brühe ablöschen, die restliche Brühe auffüllen und die Suppe 15 Minuten leise kochen lassen. Abschmecken, wenn nötig auch noch mit Salz, mit Schnittlauch bestreut zu Tisch geben.

Bayerische, gekochte Brotsuppe

500 g Schwarzbrot, 50 g Fett, 1 Zwiebel, ca $1^1/_2$ l Brühe oder Fleischsuppe, Salz, Pfeffer, 1—2 Eier, $^1/_8$ l saure Sahne, zum Bestreuen: *1 EL feingeschnittener Schnittlauch*

Im Fett röstet man die kleingehackte Zwiebel und dann das feingeschnittene Brot noch einige Zeit mit. Dann füllt man mit Brühe auf, salzt und pfeffert und läßt alles gut durchkochen. Die Eier werden mit saurer Sahne verrührt und die Suppe durch ein Haarsieb darüber passiert. Nochmals gut durchrühren und feingeschnittenen Schnittlauch darüberstreuen.

Bayerische, aufgeschmalzene Brotsuppe

200—250 g altes Brot, $1^1/_2$ l Brühe oder Fleischsuppe, Salz, Pfeffer, 60 g Butter, 2 Zwiebeln, evtl. 4 Eigelb

Das Brot in kleine dünne Scheiben schneiden und in eine vorgewärmte Schüssel geben. Die Brühe würzen und zum Kochen bringen. In der Zwischenzeit die in halbe Scheibchen geschnittenen Zwiebeln im Fett schön braun rösten. Dann gießt man die gut abgeschmeckte Brühe über die Brotscheibchen und die gerösteten Zwiebeln. Die Suppe muß sofort serviert werden. Soll die Brotsuppe etwas deftiger sein, so kann man in die vorgewärmten Teller oder Suppentassen vorher ein Eigelb geben.

Brotsuppe, Altmünchner Art

250 g Schwarzbrotreste, 40 g Mehl, 30 g Butter, 1 1/4 l Wasser oder Brühe, Salz, Pfeffer, Muskatnuß – zum Verfeinern: *2 Eigelb, mit 1/8 l saurer Sahne verquirlt* – als Einlage: *4 Scheiben Milzwurst* – zum Bestreuen: *1 EL feingehackter Schnittlauch oder feingehackte Petersilie*

Brotreste zerkleinern. Mehl, am besten in einer Eisenpfanne, unter ständigem Rühren braun rösten, dann mit Butter verrühren und in die Flüssigkeit einrühren. Zum Kochen bringen und 10 Minuten gut durchkochen lassen. Dann die Brotreste beifügen und alles nochmals 5 Minuten kochen lassen. Abschmecken. Wurstscheiben einlegen und die Suppe etwa 10 Minuten bei schwacher Hitze mehr ziehen als kochen lassen. Mit Eigelb und saurer Sahne legieren, nicht mehr kochen lassen, und mit Schnittlauch oder Petersilie bestreut anrichten.

Brotsuppe mit pochiertem Ei

2 altbackene Semmeln, 2 Scheiben Schwarzbrot, 40 g Fett, 2 EL gehackte Zwiebel, 1 1/4 l Kalbsknochenbrühe, Salz, Kümmel, Muskat – zum Legieren: *2 Eigelb, mit 2 EL Sahne verschlagen* – zum Bestreuen: *1 EL feingeschnittener Schnittlauch; pro Person ein pochiertes Ei*

Semmeln und Brot in dünne Scheiben schneiden. In dem heißen Fett die Zwiebel gelb anrösten, Brotscheiben beigeben und alles gut durchrösten. Mit der Kalbsknochenbrühe auffüllen, mit den angegebenen Zutaten würzen und die Suppe 15 Minuten durchkochen. Mit Eigelb und Sahne legieren und mit Schnittlauch bestreut anrichten. In jede Suppentasse ein pochiertes Ei geben und darüber die Suppe gießen.

Schwäbische Brotsuppe

200 g altes Schwarzbrot, 40 g Butter oder Margarine, 1 mittelgroße gehackte Zwiebel, $1^1/_4$ l Knochen- oder Gemüsebrühe, Salz, Pfeffer, 2 Eier — als Einlage: *1 Paar in Scheiben geschnittene Würstchen* — zum Bestreuen: *1 EL feingehackte Petersilie*

Das Brot fein schneiden oder reiben. In der heißen Butter oder Margarine die Zwiebel gelb rösten, das Brot beigeben und kurz mitrösten. Die Brühe auffüllen und $^1/_4$ Stunde leise kochen lassen. Mit Salz und Pfeffer evtl. auch mit etwas Kümmel abschmecken. Die ganzen Eier verquirlen und langsam in die fertige Suppe einlaufen lassen. Die Suppe darf nun nicht mehr kochen. Wurstscheiben einlegen, mit Petersilie bestreut anrichten.

Südtiroler Brotsuppe

100 g altbackenes Schwarzbrot, 40 g Fett, 1 kleine gehackte Zwiebel, 1 EL gehackte Petersilie, 30 g Mehl, $1^1/_4$ l Wasser, Salz, Pfeffer — zum Legieren: *1 Eigelb, mit 2 EL Sahne verrührt* — als Einlage: *1 Paar in Scheiben geschnittene Wiener Würstl*

Das Brot in kleine Würfel schneiden. In dem heißen Fett die gehackte Zwiebel hellgelb andünsten, Petersilie und Brotwürfel beigeben, alles durchdünsten. Das Mehl darüberstreuen und unter Rühren so lange rösten, bis die Masse hellbraun ist. Mit kaltem Wasser ablöschen, die Suppe zum Kochen bringen und etwa 10 Minuten leise kochen. Das Brot muß verkocht sein. Die Suppe im Mixer pürieren oder durch ein Sieb streichen. Mit Salz und Pfeffer abschmecken, mit Eigelb und Sahne legieren und die Wurstscheiben einlegen.

Brot-Gemüsesuppe

500 g vorbereitetes Gemüse (Möhren, Lauch, Sellerie, Petersilienwurzel, Bohnen, Erbsen), 1 1/4 l Wasser, 150 bis 200 g geriebene Brotreste, etwas Salz, Suppengewürze — zum Verfeinern: *1 EL frische Butter, 1 EL gehackte Petersilie*

Das Gemüse in feine Streifen schneiden und in wenig Wasser halbweich kochen. Geriebenes Brot beigeben, mit der restlichen Wassermenge auffüllen und die Suppe so lange kochen, bis das Gemüse ganz weich ist. Nach Wunsch kann die Suppe im Mixer püriert oder durch ein Sieb gestrichen werden. Mit Salz und Suppenwürze abschmecken, mit der frischen Butter verfeinern und mit Petersilie bestreut zu Tisch geben.

Französische Weißbrotsuppe

20 gehackte Knoblauchzehen, 1 3/4 l Wasser, einige Blätter Salbei, 2 Gewürznelken, Salz, etwas Thymian, 1 Stangenweißbrot, 4 EL reines Olivenöl, 4 EL geriebener Käse

Knoblauchzehen 30 Minuten im Wasser kochen, dann Gewürze und Salz beigeben und die Brühe nochmals 30 Minuten kochen lassen. Das Stangenweißbrot in Scheiben schneiden, in Olivenöl anrösten, auf Suppenteller oder Suppenschüsseln verteilen. Die abgeschmeckte Brühe durch ein Sieb darübergießen. Mit Käse bestreut servieren.

Nach all diesen althergebrachten Brotsuppen sind noch einige Suppen aus Semmeln zu erwähnen, so die beliebte Panadlsuppe aus Österreich, die bekannte Zuppa Pavesa aus Italien und die vielgeschätzte Zwiebelsuppe aus Frankreich, die auf keiner internationalen Speisekarte fehlen darf.

Französische Brotsuppe

6 dünne Scheiben Mischbrot, 20 g Butter oder Margarine, 1 l Fleischbrühe, Salz, Pfeffer, Muskat, 1 mit 3 Nelken besteckte Zwiebel, 1 kleines Glas Rot- oder Weißwein — zum Legieren: *1 Eigelb, mit 2 EL Sahne vermischt*

Die Brotscheiben in Streifen schneiden und in der heißen Butter oder Margarine nicht zu braun rösten. Die Brühe darübergießen, mit Salz, Pfeffer und Muskat würzen. Die Zwiebel dazugeben und die Suppe bei schwacher Hitze mindestens 30 Minuten kochen lassen. Dann durch ein Sieb streichen und den Wein hinzugießen. Mit Eigelb und Sahne legieren.

Französische Zwiebelsuppe

500 g Zwiebeln, 80 g Butter, etwas Salz und Pfeffer, 1 EL Mehl, 1 l Bouillon, 200 g in Butter geröstete Weißbrotscheiben, 100 g geriebener Käse oder in feine Streifen geschnittener Gruyèrekäse

Die Zwiebeln in dünne Scheiben schneiden und in der heißen Butter nur leicht bräunen! Dann mit Salz und Pfeffer würzen, mit dem Mehl bepudern, mit heißer Bouillon auffüllen und etwa 15 Minuten leise kochen lassen. Die gerösteten Weißbrotscheiben in sehr heißen Suppentellern anrichten, dick mit Käse bestreuen oder mit Gruyèrekäsestreifen belegen und darüber die kochendheiße Zwiebelsuppe gießen.
Will man die Suppe gratinieren, legt man die Brotscheiben in eine feuerfeste Terrine, übergießt sie mit der Zwiebelsuppe, bestreut die oben schwimmenden, gerösteten Brotscheiben dick mit Käse und stellt sie zum Überbacken in das vorgeheizte Rohr (Oberhitze) oder unter den vorgeheizten Grill, bis sich eine schöne Kruste gebildet hat.
Die Zwiebelbrühe kann auch mit einem Glas Portwein oder einem Eigelb verfeinert werden.

Zuppa Pavesa

4 Scheiben Weißbrot, 40 g Butter oder Margarine, 125 g geriebener Parmesankäse, 4 Eigelb, 1 l Fleischbrühe

In der heißen Butter oder Margarine die Weißbrotscheiben von beiden Seiten zu hellgelber Farbe rösten und in die vorgewärmten Suppenteller legen. Dick mit Käse bestreuen, jede Brotscheibe mit einem rohen Eigelb belegen und die kochende, abgeschmeckte Fleischbrühe darübergießen. Sofort servieren.

Panadlsuppe

3 altbackene Semmeln, 1 l Fleischbrühe, etwas Salz und Muskat – zum Verfeinern: *2 EL Sahne, mit 1 Eigelb verquirlt* – zum Bestreuen: *1 EL feingeschnittener Schnittlauch*

Die Rinde von den Semmeln abreiben, die Semmeln zerschneiden und in der Brühe einige Minuten kochen, dann im Mixer pürieren oder durch ein Sieb streichen. Die Suppe mit Salz und Muskat abschmecken, mit dem mit Sahne verquirlten Eigelb legieren und mit Schnittlauch bestreut anrichten.

Brotbiersuppe nach Hamburger Art

4 Scheiben Schwarzbrot, 4 Scheiben Graubrot (Feinbrot), 2 Flaschen dunkles Bier, abgeriebene Schale einer Zitrone, Zucker nach Geschmack

Schwarzbrot und Graubrot wird zerschnitten, mit Wasser weichgekocht, durch ein Sieb gestrichen, mit geriebener Zitronenschale gewürzt. Zuletzt das Bier dazugießen und vorsichtig aufkochen lassen. Mit Zucker abschmecken.

Rheinische Brotsuppe

400 g altbackenes Brot (auch Brötchen oder Gebäckreste, danach richtet sich die Zuckermenge), 1 l Milch, 100–150 g Zucker, 1 TL Zimt, 1 Msp. Nelkenpulver, je 30 g feingehacktes Orangeat und Zitronat, abgeriebene Schale 1/2 Zitrone, 125 g Sultaninen, 1/4 l herber Weißwein, nach Wunsch ein Schuß Rum

Das Brot in der Hälfte der Milch einweichen, durch ein Sieb streichen oder im Mixer pürieren. Sultaninen waschen und im Wein quellen lassen. Inzwischen zu dem Brotbrei die restliche Milch, Zucker, Gewürze und Geschmackszutaten geben und unter ständigem Rühren einmal aufkochen lassen. Von der heißen Platte nehmen, Sultaninen mit dem Wein untermischen, nur erwärmen lassen, also nicht mehr kochen, und die Suppe abschmecken, wenn nötig, noch etwas Milch unterrühren, nach Bedarf Zucker und auch Rum.

Brotsuppe mit Äpfeln

200 g Schwarzbrotreste (oder Schwarz- und Weißbrot gemischt), 1 1/4 l Wasser, 2 EL Zucker, 1 Msp. Salz, 1 gestrichener TL Zimt, 1 Stückchen dünn abgeschälte Zitronenschale, 2 große Äpfel, 2 EL Rosinen und Korinthen, 1 Glas Weißwein

Brotreste zerkleinern, mit dem kalten Wasser, Zucker, Salz, Zimt und Zitronenschale zum Kochen bringen und 10 Minuten kochen lassen. Dann die geschälten, in Stücke geschnittenen Äpfel beigeben und nochmals 5 Minuten kochen. Die Suppe durch ein Sieb streichen, Rosinen und Korinthen beifügen, zum Kochen bringen, vom Herd nehmen und mit Weißwein abschmecken. Nach Wunsch noch ein nußgroßes Stück Butter in die Suppe geben.

Würzige Brotsuppe mit Pflaumen

200 g Brotreste, 1/2 l Wasser, 1/2 l Milch, 1 Msp. Salz, 1 EL Zucker, etwas Anis und Fenchel, 200 g gedörrte Pflaumen oder gemischtes Dörrobst

Brot in kleine Stücke brechen und mit dem Dörrobst in der kalten Flüssigkeit etwa 2 Stunden einweichen. Anschließend die Gewürze beigeben – Pflaumen entsteinen – und die Suppe zum Kochen bringen. Nach 10 Minuten Kochzeit die Suppe durch ein Sieb streichen und abschmecken.
Man kann auch Pflaumen oder Dörrobst gesondert einweichen und kochen und als Einlage in die Suppe geben.

Semmelsuppe mit Champignons

100 g Semmelbrösel, 1 l Kalbsknochenbrühe, 40 g Butter oder Margarine, 1 EL gehackte Zwiebel, 125 g gehackte Champignons (frisch oder aus der Dose), etwas Salz, 1 Prise Muskat und Curry, 2 EL Sahne, 1 EL gehackte Petersilie

Semmelbrösel mit kochender Brühe übergießen und 15 Minuten quellen lassen. Inzwischen in der heißen Butter oder Margarine die Zwiebel goldbraun andünsten, gehackte Champignons beigeben und einige Minuten mitdünsten. Dann die Semmelbrühe zum Kochen bringen, 10 Minuten leise kochen lassen. Dann die gedünsteten Champignons beigeben, die Suppe mit Salz, Muskat und Curry würzen und mit Sahne und Petersilie verfeinern.

Knödel und Klöße

Wiener Semmelknödel

6 altbackene Semmeln, 50 g Schweineschmalz oder Butter, 1 feingehackte Zwiebel, 1 EL feingehackte Petersilie, 1/4 l Milch, 2 Eier, Salz, 50 g Mehl

Die Semmeln in kleine Würfel schneiden. Die Zwiebel und Petersilie in Schmalz oder der heißen Butter leicht anrösten und über die Semmelwürfel gießen. Ebenso die in der Milch mit Salz verquirlten Eier. Die Masse durcharbeiten und etwas durchziehen lassen. Zum Schluß das Mehl untermischen. Mit feuchten Händen mittelgroße, runde Knödel formen, diese in kochendes Salzwasser legen und 10 bis 15 Minuten ziehen lassen. Eine beliebte Beilage zum Wiener Beuschel und zum Schweinebraten.

Palffyknödel

5 altbackene Semmeln, 1/4 l Milch, 70 g Butter, 70 g Zucker, 4 Eier, getrennt, 50 g Rosinen, abgeriebene Schale einer halben Zitrone, etwas Salz – zum Übergießen: *50 g zerlassene, heiße Butter* – zum Bestreuen: *mit Zimt vermischter Zucker*

Die Semmeln in Würfel schneiden und mit der Milch übergießen. Butter, Zucker, Eigelb schaumig rühren, Semmelwürfel, Rosinen, Zitronenschale, Salz zugeben und zum Schluß den steifen Eischnee unterziehen. Den Teig in eine mit kaltem Wasser ausgedrückte Serviette locker einbinden und 3/4 Stunde in leicht gesalzenem Wasser kochen. Den Knödel mit einem Faden in Scheiben schneiden, mit Butter übergießen, mit Zimtzucker bestreuen.

Schwarzbrotknödel

100 g Mehl, 1 Ei, 1/8 l Milch, 250 g in kleine Streifen geschnittenes Schwarzbrot, 2 EL gehackte Zwiebel, 1 EL gehackte Petersilie, etwas Salz, 1 Msp. Majoran, einige Tropfen flüssiges Kümmelgewürz

Mehl, Ei und Milch zu einem Pfannkuchenteig verrühren, Brotstreifen, Zwiebel und Petersilie daruntermischen. Mit den Gewürzen abschmecken und Knödel daraus formen. In kochendes Salzwasser legen und 1/2 Stunde bei offenem Topf leise kochen lassen. Zu Gemüse reichen.

Abgerührte Semmelklöße

200 g alte Semmeln (etwa 6), 80 g Butter oder Margarine, 4 Eier, 50 g Semmelbrösel, 50 g Mehl, Salz, Pfeffer und Muskat

Die Semmeln in Wasser einweichen und ausdrücken. Die Semmelmasse in die heiße Butter geben und auf dem Herd zu einem Kloß abrühren. Diesen auskühlen lassen, nach und nach Eier, Semmelbrösel, Mehl und Gewürze einrühren. Gleichmäßig große Klöße formen, diese in kochendes Salzwasser legen und etwa 10 Minuten ziehen lassen.

Pinzgauer Knödel

8 alte Semmeln, 1/4 l heiße Milch, Salz, 2 EL gehackte Petersilie, 2 EL gehackte Zwiebel, 150 g geräucherter, in Würfel geschnittener Speck, 4 gekochte, gewürfelte Kartoffeln

Semmeln in feine Scheiben schneiden und mit der gesalzenen, heißen Milch übergießen. Diese Masse 30 Minuten ziehen lassen, dann die weiteren Zutaten untermischen. Knödel formen, in kochende Brühe – in der man sie auch serviert – einlegen und langsam gar kochen.

Schlesische Semmelklöße

8 Semmeln vom Vortag, $^{3}/_{8}$ l Milch, etwas Salz, 1 gehackte Zwiebel, 40 g Butter, 1 EL gehackte Petersilie, $^{1}/_{2}$ TL Majoran, 2 Eier

Semmeln in Scheiben schneiden, gesalzene, lauwarme Milch darübergießen. Gehackte Zwiebel in der Butter etwas dünsten, mit Petersilie und Majoran über die Semmeln verteilen und unter den Teig mischen. Die Masse eine Stunde ziehen lassen. Danach die Eier einarbeiten, mit feuchten Händen mittelgroße Klöße formen. In kochendem Salzwasser ca. 20 Minuten garziehen lassen.

Brotknödel

200 g altbackenes Graubrot, knapp $^{1}/_{4}$ l Milch, 1 EL frische Butter, 2 Eigelb, 2 EL gehackte Zwiebel, 1 EL gehackte Petersilie, etwas Salz, Majoran, Muskat — zum Kochen: *Fleisch- oder Gemüsebrühe oder Salzwasser* — zum Bestreuen: *geröstete Zwiebel*

Brot in kleine Würfel schneiden, mit kochender Milch übergießen und einige Minuten ziehen lassen. Danach die Eigelb, die in der heißen Butter gedünstete Zwiebel und Petersilie unterrühren und die Masse mit den angegebenen Zutaten abschmekken. Knödel formen, diese in kochende Brühe oder kochendes Wasser legen und 10 Minuten leise kochen lassen. Vorsichtig mit einem Schaumlöffel herausnehmen, in einer vorgewärmten Schüssel anrichten und mit gerösteten Zwiebeln bestreuen. Sie passen zu Gemüse, wie Spinat, Grünkohl, Rotkraut, Kohlrabi usw.

Bayerische Semmelknödel

8 Semmeln vom Vortag – in Bayern als geschnittenes Knödelbrot zu kaufen – ca. 1/4 l lauwarme Milch, 1 gehackte Zwiebel, 2 EL gehackte Petersilie, 40 g Fett, 3 bis 4 Eier, Salz

Die Semmeln feinblättrig schneiden, mit der lauwarmen Milch übergießen und einige Minuten ziehen lassen. Inzwischen im heißen Fett Zwiebel und Petersilie andünsten. Nun die mit Salz verquirlten Eier über den Semmelteig gießen, ebenso das Gemisch aus Zwiebel und Petersilie. Alles gut durchmischen, den Teig noch einige Minuten stehen lassen und danach schöne, runde Knödel daraus formen. Diese in kochendes Salzwasser einlegen und 15 bis 20 Minuten ziehen lassen.
Noch ungeübten Köchinnen empfehle ich, einen Probeknödel zu kochen. Sollte der Teig zu weich sein, noch einige Löffel Semmelbrösel untermischen.

Bayerischer Semmelkloß

6 altbackene Semmeln, 1/4 l kochende Milch, 80 g Butter oder Margarine, 6 Eier getrennt, 250 g gekochte, geriebene Kartoffeln, je 1 EL feingehackte Zwiebel und Petersilie, in etwas Fett gedünstet, 1/2 TL Salz, 1 Msp. Muskat, etwas Basilikum

Semmeln in Würfel schneiden, mit der kochenden Milch überbrühen und 1/4 Stunde zugedeckt durchziehen lassen. Inzwischen die Butter oder Margarine schaumig rühren, nach und nach die Eigelb zugeben und mit den geriebenen Kartoffeln, gedünsteten Zwiebeln und Petersilie gut verrühren, mit der Semmelmasse zu einem Teig abarbeiten und abschmecken. Zum Schluß den steifen Eischnee unterziehen. Die Masse in ein sehr gut gefettetes, mit Mehl bestäubtes Tuch locker einbinden und 1 Stunde langsam kochen. Den fertigen Kloß mit einem Faden in Scheiben schneiden und mit einer pikanten Tomatensauce und grünem Salat zu Tisch geben.

Tiroler Fastenknödel

(6 Personen)

10 Semmeln vom Vortag, 50 g Butter, 1/4 l Milch, 4 Eier, Salz, 1 feingehackte Zwiebel und 2 EL feingehackte Petersilie, in Butter angedünstet, 2 EL Semmelbrösel, 1 EL Mehl

Semmeln in kleine Würfel schneiden und in der heißen Butter anrösten. Eier und Salz in Milch verquirlen, über die angerösteten Semmelwürfel gießen und gut durchziehen lassen. Dann die angeröstete Zwiebel und Petersilie, Semmelbrösel und Mehl beigeben, den Teig gut durcharbeiten und nicht zu große Knödel daraus formen. In kochendes Salzwasser legen und etwa 15 Minuten ziehen lassen. Beliebt zu Tomaten- und Pilzsauce.

Tiroler Speckknödel

6 alte Semmeln, 2 bis 3 Eier, 1/4 l Milch, Salz, 125 g geräucherter, in Würfel geschnittener Speck, 50 g Butter, 1 kleine gehackte Zwiebel, 1 EL feingehackte Petersilie, Mehl nach Bedarf

Semmeln in kleine Würfel schneiden. Eier mit Milch und Salz verquirlen, über die Semmelwürfel gießen und 1/2 Stunde durchziehen lassen. Dann die Speckwürfel beigeben, die in der Butter angeröstete Zwiebel, Petersilie und so viel Mehl untermischen, daß ein nicht zu weicher Teig entsteht. Aus der Masse 10 Knödel formen, diese in kochendes Salzwasser legen und etwa 15 Minuten leise kochen lassen. Diese Knödel werden auch gerne als Beilage zu Wild und Schmorbraten gegessen.

Variationen:

Geräucherten Speck durch geräucherte Wurst ersetzen.

Halb geräucherter Speck, halb Wurst.

Statt Speck 150 g gekochtes, feingeschnittenes Selchfleisch (geräuchertes Fleisch).

Als Würze kann man in die Knödel auch Majoran oder Basilikum und Pfeffer geben.

Tiroler Knödel mit Speck und Schinken

10 alte Semmeln, je 100 g in kleine Würfel geschnittener, geräucherter Speck und Schinken, 50 g Butter, 2 EL gehackte Petersilie, 3 Eier, etwa 1/2 l Milch, Salz und Pfeffer, Mehl nach Bedarf

Semmeln in kleine Würfel schneiden. In der heißen Butter Speck- und Schinkenwürfel etwas rösten, Petersilie beigeben und über die Semmelwürfel gießen. Eier mit Milch, Salz und Pfeffer gut verquirlen und ebenfalls über die Semmelwürfel geben. Den Teig mit etwas Mehl gut durcharbeiten, nicht zu große Knödel daraus formen, diese in kochendes Salzwasser legen und 15 Minuten leise kochen lassen.

Tiroler Knödel mit Schinken gefüllt

150 g in kleine Würfel geschnittener Speck, 5 alte Semmeln, 2 Eier, 1/4 l Milch, Salz, etwa 100 g Mehl — zum Füllen: *100 g magerer, gehackter Schinken* — zum Übergießen: *1 kleine, feingehackte, in 40 g Fett geröstete Zwiebel*

Die Speckwürfel auslassen, bis sie glasig sind. Die in kleine Würfel geschnittenen Semmeln zugeben und so lange auf dem Herd lassen, bis das Fett in die Semmelwürfel eingezogen ist; dann auskühlen lassen. Eier mit Milch und Salz verquirlen und über die Semmelwürfel gießen. Das Mehl unterrühren und 1/4 Stunde stehen lassen. Mit einem EL Teigstücke abstechen, etwas flachdrücken, in die Mitte jeweils etwas gehackten Schinken geben. Daraus Knödel formen, die keine Sprünge zeigen dürfen. In Salzwasser 1/4 Stunde langsam kochen, gut abtropfen lassen und mit Gabeln in zwei Hälften zerreißen. Mit hellgelb gerösteten Zwiebeln übergießen und zu Krautgemüse oder -salat reichen.

Serviettenknödel aus Vollkornbrot

400 g in etwas Milch und Wasser eingeweichtes Vollkornbrot, 1/2 Zwiebel, nach Wunsch eine kleine Knoblauchzehe, etwas Salz, 2 EL gehackte Petersilie, etwas Thymian, 2 Eier — zum Bestreuen: *geröstete Zwiebel*

Eingeweichtes, ausgedrücktes Vollkornbrot mit Zwiebel und Knoblauch durch die Fleischmaschine drehen. Mit den anderen Zutaten vermischen, würzen und auf einer nassen Serviette zu einem länglichen Knödel formen und locker einbinden. In kochendes Salzwasser legen und 30 Minuten leise kochen. In Scheiben schneiden, mit gerösteten Zwiebeln bestreuen und zu Gemüse servieren.

Servietten-Semmelknödel

(6 Personen)

9 altbackene Semmeln, 60 g Butter oder Margarine, 1/2 l Milch, 2 Eier, etwas Salz, 2—3 EL Mehl — zum Begießen: *50 g gebräunte Butter*

6 Semmeln in kleine Würfel schneiden und im Fett goldgelb rösten. Die restlichen Semmeln in dünne Scheiben schneiden und mit der Hälfte der Milchmenge übergießen. Die restliche Milch mit den Eiern, Salz und Mehl zu einem dünnen Pfannkuchenteig verquirlen, über die getränkten Semmelscheiben gießen und alles zu einem lockeren Teig verrühren. Zum Schluß die gerösteten Semmelwürfel untermischen. Den Teig in eine nasse, gut ausgedrückte Serviette, zu einer Rolle geformt, locker einwickeln, in kochendes Salzwasser legen und eine Stunde leise kochen lassen. Vor dem Anrichten den Knödel vorsichtig aus der Serviette nehmen, mit einem Faden in fingerdicke Scheiben schneiden, mit gebräunter Butter beträufeln und zu salzigen oder süßen Saucen, zu Salaten oder Kompotten reichen.

Serviettenknödel mit geräuchertem Fleisch

5 altbackene Semmeln, 3 EL Mehl, ½ l Milch, 2 Eier, 1 Msp. Salz, je 1 Prise Pfeffer und Paprika, 80 g Butter oder Margarine, 150 g feingewiegtes, geräuchertes Fleisch, 1 EL gewiegte Petersilie, Semmelbrösel nach Bedarf – zum Überstreuen: *geröstete Zwiebelringe*

Semmeln in kleine Würfel schneiden und mit dem Mehl vermischen. Milch mit Eiern und Gewürzen verquirlen, über die Semmelwürfel gießen und einige Zeit stehen lassen. Inzwischen Butter oder Margarine schaumig rühren, gewiegtes Fleisch und Petersilie zugeben und mit der Semmelmasse vermischen. Ist der Teig zu weich, mit etwas Semmelbrösel andicken. Aus der Masse eine Rolle formen, locker in eine nasse Serviette einbinden und in kochendes Salzwasser legen. ¾ Stunde leise kochen lassen. Den fertigen Knödel in fingerdicke Scheiben schneiden, auf eine vorgewärmte Platte legen und mit gerösteten Zwiebelringen belegen. Man kann diesen Knödel zu Sauerkraut, Tomaten- oder Pilzsauce reichen.

Serviettenmehlknödel auf andere Art

50 g Butter oder Margarine, 3 Eier getrennt, ¼ l Milch, 250 g Mehl, 1 Msp. Salz, 3 abgerindete, in Würfel geschnittene, in 50 g Butter geröstete Semmeln – zum Übergießen: *50 g gebräunte Butter*

Butter oder Margarine schaumig rühren, nach und nach Eigelb, Milch, Mehl und Salz beigeben. Steif geschlagenen Eischnee mit den Semmelwürfeln vermischen und unter den Teig rühren. Einen länglichen Knödel formen, diesen locker in eine nasse, ausgedrückte Serviette binden. In kochendes Salzwasser legen und etwa 45 Minuten leise kochen lassen. Aus der Serviette nehmen, in fingerdicke Scheiben schneiden und mit gebräunter Butter beträufeln.

Serviettenkloß

6 altbackene Semmeln, etwa 1/8 l Milch, 3 Eier, 2 EL feingehackte Zwiebel, 1 EL feingehackte Petersilie, 50 g Butter oder Margarine, etwas Salz

Die Semmeln in dünne Scheiben schneiden und mit den in der Milch verquirlten Eiern übergießen. Den Semmelteig 1/2 Stunde weichen lassen. Inzwischen die gehackte Zwiebel und Petersilie in der heißen Butter leicht dünsten, dann unter die Semmelmasse mischen und Teig mit Salz abschmecken. Nun formt man einen Kloß, bindet ihn locker in eine mit Butter bestrichene Serviette und kocht ihn leise 3/4 Stunde in Salzwasser. Vorsichtig aus der Serviette nehmen, in fingerdicke Scheiben schneiden und zu gedünsteten Pilzen, Gemüsen oder pikanten Saucen reichen.

Österreichischer Serviettenknödel

125 g Butter oder Margarine, 3 Eier, 125 g gehackter Schinken, 125 g geriebener Emmentaler, 125 g rohes, gehacktes Weißkraut, 4 in kleine Würfel geschnittene Semmeln, etwas Salz und Pfeffer, Mehl nach Bedarf – zum Beträufeln: *50 g zerlassene Butter* – zum Bestreuen: *2 EL geriebener Emmentaler*

Butter oder Margarine schaumig rühren, nach und nach mit den übrigen Zutaten vermischen. Den Teig als länglichen Knödel in eine in kaltem Wasser ausgedrückte Serviette locker einbinden, in kochendes Salzwasser hängen und etwa 40 Minuten leise kochen lassen. In Scheiben schneiden, mit zerlassener Butter beträufeln und mit Käse bestreuen. Dazu eine Tomatensauce reichen.

Serviettenmehlknödel

250 g Mehl, 2 Eier, getrennt, etwas Salz, etwa 1/8 l Milch, geröstete Semmelwürfel von 2 altbackenen Semmeln – zum Begießen: *zerlassene, heiße Butter*

Mehl, Eigelb und Salz verrühren und so viel Milch beigeben, daß der Teig cremeartig wird. Diesen gut abschlagen und die goldgelb gerösteten Semmelwürfel unterrühren. Zuletzt den steifen Eischnee leicht unterheben. Den Teig auf einer nassen Serviette zu einer Rolle formen, leicht einbinden und in kochendem Salzwasser 1 Stunde leise gar werden lassen. Kurz vor dem Auftragen aus der Serviette wickeln, mit einem Faden in gleichmäßige Scheiben schneiden und mit heißer Butter beträufeln. Zu Fleisch, Saucen oder Gemüsen reichen.

Serviettenmehlknödel als Fleischbeilage

6 altbackene Semmeln, 1/4 l Milch, 3 Eier, etwas Salz, Mehl nach Bedarf – zum Begießen: *zerlassene, heiße Butter*

Die Semmeln würfelig oder in Scheiben schneiden, Milch mit den Eiern und Salz verquirlen, über die Semmeln gießen und durchtränken lassen. Danach so viel Mehl zugeben, daß der Teig zusammenhält. Eine Serviette in kaltes Wasser tauchen, drücken und den Teig als langen Knödel locker in die Serviette binden. 1/2 Stunde in Salzwasser langsam kochen lassen. Vor dem Anrichten die Serviette öffnen, den Knödel in gleichmäßige, fingerdicke Scheiben schneiden und mit Butter beträufeln.

Nach Wunsch kann man auch 1 gehackte, leicht angeröstete Zwiebel unter den Teig mischen.

Böhmische Semmelknödel

(6 Personen)

500 g Mehl, 1/3 l Flüssigkeit (halb Milch, halb Wasser), Salz, 1–2 Eier, 1 Msp. Backpulver, 4–5 altbackene Semmeln, 50 g Fett, geröstete Semmelbrösel zum Anrichten

Backpulver und Mehl vermischen, nach und nach das mit Milch, Wasser und Salz verquirlte Ei darunterrühren. Den lockeren Teig gut abschlagen. Die Semmeln in kleine Würfel schneiden, im heißen Fett goldbraun rösten und unter den Teig geben. Diesen nochmals abschlagen, und wenn man Zeit hat, etwas Mehl über den fertigen Teig streuen und ihn noch zugedeckt 1/2 Stunde ruhen lassen. Dann schmeckt der Knödel besonders gut. Auf einem bemehlten Brett mit bemehlten Händen 2 längliche oder 3 runde Knödel formen, diese in kochendes Salzwasser legen und 1/2 Stunde kochen. Nach 1/4 Stunde Kochzeit umdrehen. Beim Anrichten die Knödel in gleichmäßige Scheiben schneiden und mit gerösteten Semmelbröseln bestreuen.

Veränderung:
Bei der Zubereitung des Teiges kann man auch nur Sodawasser verwenden. Das Ei quirlt man in diesem Falle nicht hinein, sondern gibt beide Zutaten gesondert in den Teig. Wird der Teig so, also nicht mit Backpulver zubereitet, darf er nicht stehen bleiben. Er muß sofort gekocht werden.

Diese Knödel serviert man zu Schweine- oder Gänsebraten, außerdem zu verschiedenen Fleisch- und Wildgerichten, wenn eine Sahnesauce dabei ist.
Als Alleingericht trägt man sie mit Zwetschgenröstern (Pflaumensauce) oder salzig mit Tomaten-, Pilz- oder Dillsauce auf. Geröstet, mit darübergeschlagenem Ei und grünem Salat schmecken sie besonders gut.

Gerichte aus Semmeln – salzig und süß

Die Möglichkeiten, aus übriggebliebenen, altbackenen Semmeln oder Brötchen ein vollständiges Gericht, eine Beilage, eine Nachspeise schnell herzustellen, sind vielfältig. Allerdings haben sie einen Nachteil: Sie sind leider nicht für die schlanke Linie gedacht. Doch wenn man die übrigen Mahlzeiten für den Tag darauf abstimmt, kann man sich ab und zu ruhig so ein Gericht leisten. Als Grundrezept gilt:

Semmelschnitten, gebacken

Semmelschnitten von 1–2 Semmeln oder Weißbrotscheiben, 1/8 l Milch, mit 1 Ei verquirlt – zum Ausbacken: *Fett, Öl, Butter oder Margarine (je nach Rezept)*

Semmelschnitten in der Eiermilch kurz weichen und in dem heißen Fett von beiden Seiten zu schöner Farbe backen.
Diese einfachen Semmelschnitten reicht man zu Gemüse. In diesem Fall wird die Eiermilch etwas gesalzen. Zu Kompott oder Apfelmus nach dem Backen mit etwas Zucker bestreuen.

Schinken-Käseschnitten

8 Scheiben Toastbrot, 80 g zerlassene Butter, 200 g geriebener Emmentaler, 200 g feingewiegter gekochter Magerschinken

Die Weißbrotscheiben von beiden Seiten mit der zerlassenen Butter beträufeln. Schinken und Käse miteinander vermischen und auf 4 Brotscheiben verteilen. Mit den restlichen Brotscheiben bedecken. In der vorgeheizten Röhre goldbraun backen. Dazu Kopfsalat reichen.
Backhitze: 220°; Backzeit: ca. 15 Minuten.

Fuhrmannsküchlein

Schon der Name besagt, daß es sich um ein altbayerisches, deftiges Gericht handelt, das nur kurze Zeit für die Zubereitung brauchen darf:

4 Weißbrote, 1/4 l kaltes Wasser, 3 Eier, etwas Salz, 60 g Rinderschmalz

Schneiden Sie die Weißbrote in kleine Würfel, das Wasser verquirlen Sie mit den Eiern und dem Salz. Nun gießen Sie die Flüssigkeit über die Weißbrotwürfel, decken die Schüssel zu, und lassen sie so lange weichen, bis das Weißbrot ganz weich ist. Während dieser Zeit mengen Sie die Weißbrotwürfel öfter durcheinander. Dann lassen Sie in einer Pfanne etwas Rinderschmalz heiß werden, geben die Hälfte des eingeweichten Brotes hinein und streichen die Masse wie einen Pfannkuchen auseinander. Wenn die erste Seite zu schöner Farbe gebacken ist, drehen Sie das Küchlein um, geben wieder etwas Schmalz in die Pfanne und backen die zweite Seite. Das Backen muß bei mäßiger Hitze erfolgen.
Aus dieser Menge können 2–3 Küchlein gebacken werden.

Käseschnitten

8 Weißbrotschnitten, 1/8 l Milch, 1 Ei, etwas Salz – zum Füllen: *4 Scheiben Emmentaler Käse, in der Größe der Brotscheiben, etwas Paprika* – zum Panieren: *1 Ei, Semmelbrösel* – zum Ausbacken: *Öl*

Weißbrotscheiben in der mit Ei und Salz verschlagenen Milch leicht einweichen. Zwischen je 2 Brotscheiben 1 Scheibe Käse legen und diesen mit Paprika bestreuen. In Ei und Semmelbrösel panieren und in heißem Öl goldgelb ausbacken.
Zu verschiedenen Gemüsen und Salaten reichen.

Schinkenschnitten

8 Weißbrotschnitten, 1/8 l Fleischbrühe, 1 Ei, etwas Tomatenmark — zum Füllen: *4 Scheiben magerer Schinken, in der Größe der Brotscheiben* — zum Panieren: *1 Ei, Semmelbrösel* — zum Ausbacken: *Öl*

Die Weißbrotscheiben in der mit Ei und Tomatenmark verschlagenen Brühe leicht einweichen. Je 2 Brotscheiben mit Schinken zusammensetzen, in Ei und Semmelbrösel panieren und in heißem Öl goldgelb ausbacken.

Tomatenschnitten

8 Weißbrotscheiben, 1/8 l Milch, 2 Eier, etwas Salz — zum Ausbacken: *Öl* — zum Belegen: *4 große, in Scheiben geschnittene Tomaten, Salz, Pfeffer, 8 kleine Salatblätter, etwas Mayonnaise oder Joghurt*

Weißbrotscheiben in der mit Eiern und Salz verquirlten Milch kurz einweichen und in heißem Öl auf beiden Seiten zu schöner Farbe backen. Auf einer vorgewärmten Platte anrichten, mit Tomatenscheiben belegen, diese mit Salz und Pfeffer würzen.

Champignonschnitten

8 Weißbrotscheiben, 1/8 l Milch, 2 Eier, etwas Salz — zum Ausbacken: *Öl* — zum Belag: *200 g gedünstete, mit etwas Mehl eingedickte Champignons, 1 EL Sahne, etwas Salz, 1 EL gehackte Petersilie*

Weißbrotscheiben wie bei Tomatenschnitten zubereiten. Auf einer vorgewärmten Platte anrichten. Gedünstete, eingedickte Champignons mit Sahne verbessern und mit Salz abschmecken. Auf die Schnitten verteilen und mit Petersilie bestreut anrichten. Dazu grünen Salat reichen.

Pavesen

Dieses Leibgericht der Österreicher darf in diesem Kapitel keinesfalls fehlen; es ist nachahmenswert, wenn auch die Zubereitung einige Mühe erfordert.

Leberpavesen

8 entrindete Weißbrotscheiben — zur Fülle: *30 g Butter oder Margarine, je 1 EL feingehackte Zwiebel und Petersilie, 200 g durchgedrehte Leber, 2 Eigelb, etwas Salz und Pfeffer* — zum Pfannkuchenteig *(Palatschinken): 1/4 l Milch, 2 Eier, etwas Salz, Mehl nach Bedarf* — zum Ausbacken: *Öl*

In der heißen Butter oder Margarine Zwiebel und Petersilie andünsten, die Leber unterrühren, vom Herd nehmen und die Eigelb zugeben. Die Masse gut verrühren, mit Salz und Pfeffer abschmecken. Auf die Hälfte der abgerindeten Weißbrotscheiben streichen und mit den trockenen Scheiben zusammenlegen. Für den Pfannkuchenteig alle Zutaten zu einem dicklichen Teig verrühren, die gefüllten Brotscheiben darin eintauchen und in heißem Öl schwimmend zu schöner, goldgelber Farbe backen. Sie passen gut zu Spinat oder Salaten.
Leberpavesen können auch wie Hirnpavesen (s. S. 156) zubereitet werden.

Schinkenpavesen

Zubereitung und Zutaten wie Leberpavesen — nur nimmt man anstelle der Leber 200 g feingewiegten Schinken.

Die in Pfannkuchenteig ausgebackenen Pavesen sind eine vorzügliche Suppeneinlage. Man benötigt für 1 l Fleischbrühe die Hälfte eines Rezeptes. Die fertigen Pavesen werden in Scheiben geschnitten und mit der heißen, gut abgeschmeckten Brühe übergossen.

Hirnpavesen

8 Weißbrotscheiben, Milch nach Bedarf, 2 mit Salz verschlagene Eier, Semmelbrösel – zum Ausbacken: *Öl* – zum Füllen: *1 Kalbshirn, 30 g Butter oder Margarine, 1 EL feingehackte Petersilie, 1 Ei, etwas Salz und Pfeffer, einige Tropfen Zitronensaft*

Weißbrotscheiben in Milch tauchen. In den mit Salz verschlagenen Eiern und den Semmelbröseln panieren und im heißen Öl von beiden Seiten goldgelb backen. Das Kalbshirn enthäuten, etwas kleinschneiden und in der heißen Butter oder Margarine mit der gehackten Zwiebel und Petersilie dünsten, bis das Kalbshirn steif geworden ist. Dann das Ei einrühren, mit Salz und Pfeffer abschmecken. Zum Schluß einige Tropfen Zitronensaft beigeben. Die Masse auf die Hälfte der gebackenen Weißbrotscheiben streichen und mit den anderen Weißbrotscheiben bedecken. Zu Gemüsen und Salaten reichen.
Hirnpavesen können auch wie Leberpavesen zubereitet werden.

Zwetschgenpavesen

6 altbackene Semmeln, Zwetschgenmarmelade, 1/2 l kalte Milch, 2 Eier, Semmelbrösel – zum Ausbacken: *Fett* – zum Bestreuen: *Zucker*

Semmeln abreiben und in dünne Scheiben schneiden. Je 2 Scheiben mit Zwetschgenmarmelade zusammensetzen. Etwa 15 Minuten in kalter Milch weichen lassen und während dieser Zeit ab und zu wenden. Die Pavesen in verquirlten Eiern und Semmelbröseln panieren und in heißem Fett auf beiden Seiten hellbraun backen, mit Zucker bestreuen und Kompott dazu reichen.

Semmelschnitten mit Obstmus

8 Weißbrotschnitten, 1/8 l Milch, 1 Ei, 1 TL Zucker – zum Bestreuen: *Semmelbrösel* – zum Ausbacken: *Fett* – zum Bestreichen: *dickes Apfelmus, dickes Birnenmus, Pflaumenmus, Mus aus Trockenobst* – zum Verfeinern: *je Brotscheibe 1 TL saure Sahne oder Joghurt*

Weißbrotscheiben in der Eier-Zucker-Milch einweichen, auf beiden Seiten mit Semmelbröseln bestreuen und in heißem Fett von beiden Seiten schön goldbraun backen. Auf eine vorgewärmte Platte legen, mit gewünschtem Mus bestreichen und etwas saure Sahne oder Joghurt daraufgeben.

Arme Ritter

In gesüßter Eiermilch gebackene Semmel- oder Weißbrotscheiben. Mit Zucker bestreuen und mit Obstsaft servieren.

Reiche Ritter

8 Weißbrotscheiben, 1/8 l Milch, 1 Ei – zur Fülle: *100 g kleingeschnittene Datteln, 50 g geriebene Mandeln oder Nüsse, 1 EL gehackte Rosinen, 1 TL Rum oder Arrak* – zum Panieren: *1 Ei, Semmelbrösel* – zum Ausbacken: *Öl* – zum Bestreuen: *Zimtzucker*

Weißbrotscheiben in der mit dem Ei verquirlten Milch leicht weichen. Die Hälfte der Brotscheiben mit Fülle – dafür die angegebenen Zutaten gut vermischen – bestreichen und mit den trockenen Weißbrotscheiben zusammenklappen. In verschlagenem Ei und Semmelbröseln panieren und in heißem Öl von beiden Seiten zu schöner Farbe backen. Mit Zimtzucker bestreut servieren. Dazu Himbeersaft reichen.

Braune Ritter

In die Eiermilch bei Armen oder Reichen Rittern 1 EL Kakao einrühren. Dazu Vanillesauce reichen.

Semmelschnitten mit Obst

8 Weißbrotschnitten, 1/8 l Milch, 1 Ei, 1 TL Zucker – zum Panieren: *1 Ei, Semmelbrösel* – zum Ausbacken: *Fett* – Belag: *Apfelspalten, nicht zu weich gedünstet, 1 Löffel in Rum eingeweichte Rosinen oder etwas Marmelade zum Garnieren;*
Aprikosenhälften, nicht zu weich gedünstet, 1 EL geschälte, gehackte Mandeln zum Bestreuen;
Pfirsichhälften, nicht zu weich gedünstet, einige kandierte Kirschen zum Verzieren;
Ananasscheiben, Maraschino-Kirschen zum Verzieren;
Orangen- oder Mandarinenspalten, Erdbeermarmelade zum Verzieren;
Bananenscheiben, Weintrauben zum Verzieren

Weißbrotscheiben in der Eier-Zucker-Milch einweichen. Nur auf der unteren Seite panieren und diese in heißem Fett zu schöner Farbe backen. Auf eine vorgewärmte Platte legen, die unpanierte Seite mit dicht aneinandergelegtem Obst belegen und der Obstart entsprechend verzieren.

Semmelschnittchen mit Erdbeeren

3 altbackene Milchbrote, 1/4 l leicht gesüßter Wein, 2 Eigelb, 250 g feste Erdbeeren – am besten Walderdbeeren –, etwas Zucker – zum Ausbacken: *Butter oder Margarine*

Jedes Weißbrot in 4–5 Scheiben schneiden. Den gesüßten Wein mit dem Eigelb verschlagen und die Brotschnittchen in den Eierwein tauchen. Erdbeeren mit Zucker bestreuen, mit einer Gabel leicht zerdrücken und das Erdbeermus auf die Schnittchen streichen. Rasch in der heißen Butter oder Margarine – mit den Erdbeeren nach oben – goldbraun backen, nach Wunsch noch etwas zuckern und noch heiß servieren. Nach Belieben dazu flüssige, kalte Sahne oder Schlagsahne reichen.

Semmelnudeln

4 altbackene Semmeln, reichlich $^1/_4$ *l Milch, 2 EL Zucker, abgeriebene Schale* $^1/_2$ *Zitrone, 3 Eier* — zum Backen: *40 g Butter* — zum Bestreuen: *Zucker mit Zimt vermischt*

Semmeln abrinden und halbieren. Milch, Zucker, Eier und Zitronenschale gut verquirlen und die Semmelhälften darin etwa 15 Minuten weichen lassen. In einer Pfanne die Hälfte der Butter erhitzen, die Semmelhälften nebeneinander hineinsetzen, die übriggebliebene Eiermilch darübergießen und bei starker Hitze die Semmeln backen, bis sie unten eine Kruste bekommen haben. Dann wenden und dabei die restliche Butter in die Pfanne geben. Mit Zucker und Zimt bestreut zu Tisch geben. Kompott dazu reichen.

Karthäuserklöße

6 altbackene Semmeln, knapp $^1/_2$ *l Milch, 3 Eier, abgeriebene Schale 1 Zitrone* — zum Panieren: *2 verschlagene Eier, 12 geriebene Mandeln, Semmelbrösel nach Bedarf* — zum Ausbacken: *Fett* — zum Bestreuen: *Zimtzucker*

Die Rinde von den Semmeln abreiben. Milch, Eier und Zitronenschale gut verrühren und die Semmeln, jede in 4 Teile geteilt, darin einweichen. Während dieser Zeit ab und zu wenden. Dann in verschlagenem Ei, in Mandel-Semmelbröselgemisch wenden und in heißem Fett goldbraun backen. Noch heiß reichlich mit Zimtzucker bestreuen. Dazu eine Weinschaumsauce reichen.

Besoffene Jungfern

Zubereitung und Zutaten wie für Karthäuserklöße, nur anstelle der Milch wird Weißwein verwendet.

Verschleiertes Bauernmädchen

500 g Äpfel, knapp $^1/_8$ l Apfelwein, 2–3 EL Zucker, 1 Stückchen dünn abgeschälte Zitronenschale, 2 EL geriebene Nüsse oder Mandeln, 1 Gläschen Kirschwasser, 150 g geriebenes Schwarzbrot, 100 g geriebene Blockschokolade, $^1/_8$ l steife Schlagsahne – zum Verzieren: *Maraschinokirschen*

Äpfel schälen, in Apfelwein mit dem Zucker und der Zitronenschale nicht zu weich kochen. Zitronenschale nach dem Kochen wieder entfernen und die Apfelscheiben in eine Schüssel geben. Mit Nüssen bestreuen, Kirschwasser darüberträufeln und das mit Schokolade vermischte Schwarzbrot untermischen. Die Speise mindestens 1 Stunde in den Kühlschrank stellen. Vor dem Anrichten die steife Sahne unterheben und die Speise mit Maraschinokirschen verzieren.

Semmelschmarrn

8 altbackene Semmeln, $^1/_4$ l Milch, 3 Eier, 2 EL Zucker – zum Ausbacken: *Fett* – zum Bestreuen: *Zucker*

Semmeln in dünne Scheiben schneiden und in eine Schüssel legen. Die Milch mit Eiern und Zucker verquirlen, über die Semmelscheiben gießen und 20 Minuten ziehen lassen. In einer Pfanne erhitzen, die Semmelmasse in 2 bis 3 Portionen darin goldgelb backen. Der Semmelschmarrn muß während des Backens mit 2 Gabeln in Stücke zerteilt und öfter umgeschaufelt werden. Den fertigen Schmarrn mit Zucker bestreuen und Kompott dazu reichen.
Ohne Zucker zubereitet, kann Semmelschmarrn auch zu Gemüsen oder Salaten gereicht werden.

Blinde Fische

So nennt man in Bayern in heißem Schmalz ausgebackene Semmelscheiben, die zu Apfelmus oder auch zu Kaffee gegessen werden.

4 altbackene Milchbrote, kalte Milch nach Bedarf, 3 mit etwas Salz verschlagene Eier – zum Ausbacken: *Butterschmalz*

Die Rinde von den Milchbroten dünn abschälen oder abreiben. Jedes Milchbrot in 4–5 Scheiben schneiden, in kalte Milch tauchen, auf eine Platte legen und 15 Minuten weichen lassen. Dann jede Scheibe in den verschlagenen gesalzenen Eiern wenden und in heißem Schmalz in der Pfanne goldbraun backen.

Aufläufe

Semmelauflauf mit Mandeln

6 altbackene, geriebene Semmeln, 1/2 l heiße Milch, 60 g Zucker, 4–5 Eier, 100 g geschälte, geriebene Mandeln, abgeriebene Schale 1 Zitrone, 1 Msp. Zimt, 2 EL Rum oder Arrak

Geriebene Semmeln mit der heißen Milch übergießen und abkühlen lassen. Dann den Zucker, nach und nach die ganzen Eier unter die Semmelmasse mischen, sehr gut verrühren und erst danach die gemahlenen Mandeln und übrigen Geschmackszutaten beigeben. Die Masse in eine gebutterte, mit Bröseln ausgestreute feuerfeste Form füllen und in der vorgeheizten Röhre backen. Mit Fruchtsaft zu Tisch geben.
Backhitze: 200°; Backzeit: ca. 50 Minuten.

Semmelauflauf mit Äpfeln

6 altbackene, in Scheiben geschnittene Semmeln, 1/4 l Milch, 2–3 Eier, 4 mittelgroße geschälte, in dünne Scheiben geschnittene Äpfel, 4 EL Zucker, mit 1 Msp. Zimt vermischt, 50 g Rosinen, nach Wunsch mit etwas Rum beträufelt, 50 g Butter oder Margarine

Eier mit der Milch verquirlen und über die Semmelscheiben gießen. So lange ziehen lassen, bis die Flüssigkeit von den Semmeln aufgenommen ist. Etwa 1/3 der Semmelscheiben in eine gut ausgefettete Raine geben. Darauf die Hälfte der Apfelscheiben, des Zimt-Zuckers und der Rosinen verteilen. Das zweite Drittel der Semmelscheiben darauflegen, darüber den Rest der Apfelscheiben, des Zimt-Zuckers und der Rosinen. Alles mit den restlichen Semmelscheiben bedecken. Darüber Butterflöckchen streuen, den Auflauf in die vorgeheizte Röhre stellen und zu schöner Farbe backen. Den fertigen Auflauf auf eine vorgewärmte Platte stürzen und mit Zucker bestreut zu Tisch geben.
Wird Semmelauflauf in einer Auflaufform gebacken, kann er ungestürzt in der Form serviert werden.
Backhitze: 200°; Backzeit: ca. 40 Minuten.

Semmelbrösel-Auflauf

80 g Butter, 60 g Zucker, 5 Eier, getrennt, 125 g Semmelbrösel, 1 Msp. Zimt, 50 g Rosinen

Butter, Zucker, Eigelb schaumig rühren, nach und nach Semmelbrösel, Zimt und Rosinen beigeben. Zuletzt den steifen Eischnee unterheben. Die Masse in eine gebutterte, mit Bröseln ausgestreute Auflaufform füllen und bei mäßiger Hitze backen.
Backzeit: 180°; Backzeit: ca. 35 Minuten.

Semmelauflauf mit Kirschen

Semmelbrösel von 6 Semmeln, Milch nach Bedarf, 80 g Butter oder Margarine, 125 g Zucker, 4 Eier, getrennt, je 1 Msp. Zimt und Nelkenpulver, abgeriebene Schale 1 Zitrone, 500 g entkernte Kirschen (frisch oder abgetropftes Kirschenkompott)

Die Brösel mit so viel Milch befeuchten, wie nötig. Dann etwa 20 Minuten ziehen lassen. Aus Butter oder Margarine, Zucker und Eigelb eine Schaummasse herstellen, diese mit Zimt, Nelkenpulver und Zitronenschale würzen und mit den Semmelbröseln verrühren. Die entkernten Kirschen beifügen und zuletzt den steifen Eischnee unterheben. Die Masse in eine gebutterte, mit Bröseln ausgestreute, feuerfeste Form füllen und im vorgeheizten Rohr zu schöner Farbe backen. Heiß servieren und dazu Kirschsaft reichen.
Backhitze: 200°; Backzeit: ca. 50 Minuten.

Italienischer Milchbrot-Auflauf

3 Milchbrote, 1/2 l Milch, 80 g Butter, 80 g Zucker, 5 Eier, getrennt, 70 g geschälte, gemahlene Mandeln, 50 g feingewiegtes Orangeat – zur Fülle: *250 g beliebiges Kompott*

Die Milchbrote dünn aufschneiden, in der Milch ganz musig kochen und die Masse auskühlen lassen. Butter, Zucker, Eigelb schaumig rühren, nach und nach das Brotmus, gemahlene Mandeln und Orangeat untermengen. Zum Schluß den steifen Eischnee unterheben. Die Hälfte der Masse in eine gebutterte, mit Semmelbröseln ausgestreute feuerfeste Form füllen, die gut abgetropften Kompottfrüchte darauf verteilen und mit der restlichen Semmelmasse abdecken. In der vorgeheizten Röhre langsam backen.
Backhitze: 180°; Backzeit: ca. 35 Minuten.

Semmelauflauf mit Fleischwurst

6 altbackene, in kleine Würfel geschnittene Semmeln, 50 g ausgelassene Speckwürfel, etwa 1/2 l Milch, 3 getrennte Eier, etwas Salz, 1 EL gehackte Petersilie, 150 g in kleine Würfel geschnittene Fleischwurst – zum Bestreuen: *2 EL geriebener Emmentaler*

Die Semmelwürfel erst mit den Speckwürfeln mischen, dann die mit den Eigelb und dem Salz verquirlte Milch darübergießen. Die Masse etwa 20 Minuten stehen lassen. Danach Petersilie und Fleischwürfel untermengen und zum Schluß den steifen Eischnee unterheben. Diese Mischung in eine gefettete, mit Semmelbröseln ausgestreute feuerfeste Form füllen und im vorgeheizten Rohr zu schöner Farbe backen. Vor dem Anrichten mit Käse bestreuen. Dazu beliebige Salate reichen.
Backhitze: 200°; Backzeit: ca. 35 Minuten.

Semmelauflauf mit Erbsen und Schinken

6 altbackene, in kleine Würfel geschnittene Semmeln, etwa 1/2 l Milch, 3 Eier, getrennt, etwas Salz, 125 g in Würfel geschnittener, gekochter Magerschinken, 200 g in Butter oder Margarine gedünstete Erbsen, 1 EL gehackte Petersilie

Eigelb mit Milch und Salz verquirlen und über die Semmelwürfel gießen. Die Masse etwa 20 Minuten ziehen lassen. Schinkenwürfel, gedünstete Erbsen und Petersilie untermischen und zum Schluß den steifen Eischnee unterheben. Die Masse in eine gefettete, mit Semmelbröseln ausgestreute Auflaufform füllen und in der vorgeheizten Röhre zu schöner Farbe backen. Dazu Tomaten- oder Kopfsalat reichen.
Backhitze: 200°; Backzeit: ca. 35 Minuten.

Brotauflauf mit Obst

300 g in dünne Scheiben geschnittenes, in 40 g Butter oder Margarine geröstetes Brot, 500 g geschälte, in Scheiben geschnittene Äpfel oder die gleiche Menge entkernte Kirschen oder Zwetschgen, 60–80 g Zucker – zum Überguß: *1/4 l Milch, 2 Eier, 1 Schuß Apfelwein bei Verwendung von Äpfeln, 1 Gläschen Kirschwasser bei Verwendung von Kirschen und 1 Gläschen Zwetschgenwasser oder 1 EL Rum bei Verwendung von Zwetschgen* – zum Belegen: *30 g in Flöckchen geschnittene Butter*

In eine gebutterte, mit Bröseln ausgestreute Auflaufform lagenweise Semmelscheiben, Obst und Zucker einschichten. Mit der Eiermilch – je nach Geschmacksrichtung zubereitet – übergießen, mit Butterflöckchen belegen und in der vorgeheizten Röhre backen.
Backhitze: 200°; Backzeit: ca. 45 Minuten.

Feiner Brotauflauf

125 g geriebenes Schwarzbrot, 80 g Butter oder Margarine, 80 g Zucker, 4 Eier, getrennt, 100 g geriebene Schokolade, 50 g feingehacktes Zitronat

Butter oder Margarine, Zucker und Eigelb zu einer Schaummasse schlagen. Schwarzbrot, Schokolade und Zitronat untermischen und vorsichtig den steifen Eischnee unterziehen. Nicht rühren! Die Masse in eine gebutterte feuerfeste Form füllen und in der vorgeheizten Röhre langsam backen. Vanille- oder Weinschaumsauce dazu reichen.
Backhitze: 180°; Backzeit: ca. 50 Minuten.

Schwarzbrotauflauf mit Wein

250 g geriebenes Schwarzbrot, 60 g Butter, 1/8 l heißer Rotwein, 100 g Zucker, je nach Größe 4–5 Eier, getrennt, 1 Päckchen Vanillezucker, 30 g kleingewürfeltes Zitronat, abgeriebene Schale je 1/2 Zitrone und Orange, je 1 Msp. Zimt und Nelkenpulver

In der heißen Butter das geriebene Brot rösten, mit dem Rotwein ablöschen und die Masse so lange am Herd rühren, bis sie sich vom Topf löst. Dann abkühlen lassen. Zucker und Eigelb schaumig rühren und mit der Brotmasse vermischen. Geschmackszutaten und Gewürze beigeben, zum Schluß den steifen Eischnee unterziehen. In eine gebutterte, mit Bröseln ausgestreute feuerfeste Form füllen und in der vorgeheizten Röhre backen. Dazu eine Vanillesauce reichen.
Backhitze: 200°; Backzeit: ca. 45 Minuten.

Schwarzbrotauflauf mit Obst

500 g altes Schwarzbrot, etwa 3/4 l Milch, mit 3 Eiern und 3 EL Zucker verquirlt, dazu abgeriebene Schale 1/2 Zitrone, 500 g geschälte, in Scheiben geschnittene Äpfel (entkernte Pflaumen oder Kirschen), 80 g in Rum eingeweichte Rosinen (aber nur bei Verwendung von Äpfeln) — zum Belegen: *30 g Butterflöckchen* — zum Bestreuen: *Zimtzucker*

Das Schwarzbrot in kleine Würfel schneiden und in der gezuckerten Eiermilch mit Zitronenschale einweichen. In eine gut ausgebutterte Auflaufform Brotmasse und vorbereitetes Obst abwechselnd einschichten. Mit Brot abschließen. Mit Butterflöckchen belegen und in der vorgeheizten Röhre backen. Dazu Kompott oder Obstsaft reichen.
Backhitze: 200°; Backzeit: ca. 45 Minuten.

Brot- oder Semmelreste-Auflauf

500 g Brot- oder Semmelreste, 1 l heiße Milch, 100 g Butter oder Margarine, 100 g Zucker, 2—3 Eier, getrennt, abgeriebene Schale von 1 Zitrone, 50 g Kakao, etwas Zimt

Brot- oder Semmelreste mit der heißen Milch übergießen und mindestens 30 Minuten stehen lassen. Aus Butter, Zucker und Eigelb eine Schaummasse zubereiten, Zitronenschale, Kakao und Zimt beigeben und mit den geweichten Brotresten gut vermischen. Den steifen Eischnee unterziehen, die Masse in eine gefettete, feuerfeste Form füllen und in der vorgeheizten Röhre backen. Dazu eine Vanillesauce reichen.
Backhitze: 200°; Backzeit: ca. 45 Minuten.

Flambierter Brotauflauf

125 g Schwarzbrotbrösel, 1/8 l Rotwein, 60 g Butter, 60 g Zucker, 5 Eier, getrennt, 60 g mit der Schale geriebene Mandeln, abgeriebene Schale von 1/2 Zitrone, 1 Msp. Zimt — zum Flambieren: 2 *Gläschen Rum*

Den Rotwein über die Brösel gießen und einige Minuten durchziehen lassen. Inzwischen aus Butter, Zucker und den Eigelb eine Schaummasse herstellen, geriebene Mandeln, Zitronenschale und Zimt untermischen und die mit Wein angefeuchteten Brotbrösel beigeben. Zum Schluß den steifen Eischnee unterziehen. Die Masse in eine gebutterte, mit Bröseln ausgestreute feuerfeste Form geben und in der vorgeheizten Röhre backen. Den fertigen Auflauf auf eine vorgewärmte Platte stürzen, mit leicht angewärmtem Rum begießen, anzünden und zu Tisch geben. Nach Wunsch eine Vanillesauce dazu reichen.
Backhitze: 200°; Backzeit: ca. 45 Minuten.

Brennender Scheiterhaufen

3 altbackene Milchbrötchen, 1/8 l Milch, 1/8 l Sahne, 2 EL Rosenwasser, 4 Eier, 100 g Zucker, 1 Päckchen Vanillezucker, abgeriebene Schale 1/2 Zitrone, 125 g in Rum eingeweichte Rosinen, 125 g geschälte, gestiftelte Mandeln, 40 g Butterflöckchen – zum Flambieren: *2 Gläschen starker Rum oder Arrak*

Die Rinde der Brötchen etwas abreiben. Jedes Brötchen in 4 Scheiben schneiden und jede Scheibe halbieren. Milch, Sahne, Rosenwasser, Eier, Zucker und Vanillezucker gut verquirlen, mit Zitronenschale würzen und die Brotstäbchen darin kurz einweichen. Inzwischen eine passende Auflaufform mit Butter ausfetten, mit der abgeriebenen Rinde der Brötchen ausstreuen. Erweichte Brotstäbchen aus der Flüssigkeit nehmen und kreuz und quer – wie man einen Scheiterhaufen schichtet – in die vorbereitete Form legen. Zwischen jede Lage Rosinen und Mandelstifte streuen. Die restliche Eiermilch über den Scheiterhaufen verteilen, mit Butterflöckchen belegen und in der vorgeheizten Röhre zu schöner Farbe backen. Den fertigen Scheiterhaufen heiß servieren, bei Tisch mit leicht angewärmtem Rum oder Arrak begießen und anzünden.
Backhitze: 200°; Backzeit: ca. 45 Minuten.

Puddinge

Ein Pudding ist eine warme, in einer festschließenden Form oder in einer Serviette im Wasserbad gekochte Speise. Wird eine Form benützt, darf diese nur 3/4 voll mit Teig gefüllt werden, weil der Teig während des Kochens aufgeht. Vor dem Einfüllen muß die Form gut ausgefettet und mit Semmelbröseln

oder auch Grieß ausgestreut werden. Ebenso wird der Deckel vorbereitet, der einen guten Verschluß haben muß, damit kein Wasser in die Form dringen kann. Die gefüllte Form wird in ein kochendes Wasserbad gestellt (großer Topf mit passendem Deckel), und während der Kochzeit muß bei Bedarf immer kochendes Wasser nachgefüllt werden. Die Puddingform darf nur bis zum Deckelansatz im Wasser stehen. Die Kochzeit richtet sich nach der Menge und Art des Puddings. Bevor der fertige Pudding gestürzt wird, läßt man ihn einige Minuten abdampfen. Dann lockert man ihn mit einem langen Messer vorsichtig aus der Form und stürzt ihn auf eine vorgewärmte Platte. Wenn er sich schlecht stürzen läßt, hilft manchmal ein nasses Tuch, das man oben einige Minuten auf die Form legt.
Beim Benützen einer Serviette wird diese vorher gebrüht, dann mit Butter bestrichen und mit Semmelbröseln bestreut. Der Teig wird locker eingebunden. Man hängt ihn über einen Kochlöffelstiel in das Wasserbad.

Milchbrötchen-Pudding

4 Milchbrötchen (oder Hörnchen), 125 g entkernte, in etwas Rum marinierte Dörrpflaumen, 1/2 l Milch, 125 g Zucker, abgeriebene Schale von 1 Zitrone, 4 Eier

Brötchen oder Hörnchen feinblättrig schneiden, marinierte Dörrpflaumen in kleine Stücke. Die beiden Zutaten vermischen und in eine gut gebutterte, mit Bröseln ausgestreute Puddingform füllen. Milch, Zucker und Zitronenschale erhitzen. Die ganzen Eier verquirlen, die heiße Milch langsam zu den Eiern gießen und dabei fest mit dem Schneebesen durchschlagen. Diese Eiermilch über die Brötchenmasse gießen und den Pudding im Wasserbad etwa 50 Minuten leise kochen lassen. Den fertigen Pudding auf eine vorgewärmte Platte stürzen und frisch ausgepreßten Orangensaft dazu reichen.
Anstelle der Dörrpflaumen kann man auch die gleiche Menge kandierte Früchte nehmen.

Semmelpudding

200 g in kleine Würfel geschnittene altbackene Semmeln, 1/2 l kochende Milch, 80 g Butter oder Margarine, 60 g Zucker, 4 Eier, getrennt, abgeriebene Schale 1 ungespritzten Orange, 100 g in etwas Rum marinierte Rosinen

Semmelwürfel mit kochender Milch übergießen, zugedeckt einige Minuten stehen lassen. Während dieser Zeit die Semmelwürfel ab und zu umrühren. Butter oder Margarine, Zucker und Eigelb schaumig rühren, die geweichten Semmelwürfel beigeben, Orangenschale und Rosinen und zuletzt den steifen Eischnee unterheben. Die Masse in eine gebutterte, mit Bröseln ausgestreute Puddingform füllen und im Wasserbad etwa 60 Minuten leise kochen lassen. Den fertigen Pudding stürzen und mit einem beliebigen Fruchtsaft servieren.

Semmelpudding mit Gemüse

3 altbackene Semmeln, 60 g Butter oder Margarine, 3 Eier, getrennt, etwas Salz und Muskat, 100 g feingewiegter, frischer oder tiefgekühlter und aufgetauter Spinat, je 100 g Möhren, Blumenkohl und Sellerie, geraspelt und in etwas Butter gedünstet, 2 EL gehackte Petersilie oder andere Kräuter, nach Bedarf 1–3 EL Semmelbrösel

Semmeln in Wasser einweichen und ausdrücken. Butter oder Margarine, Eigelb, Salz und Muskat schaumig rühren. Nach und nach alle angegebenen Zutaten unter die Schaummasse mengen und zum Schluß den steifen Eischnee unterheben. Den Teig in eine gebutterte, mit Semmelbröseln ausgestreute Kuppel- oder Puddingform füllen und im Wasserbad 50 Minuten leise kochen. Den fertigen Pudding auf eine vorgewärmte Platte stürzen und mit einer Tomatensauce zu Tisch geben.

Schweizer Semmelpudding

3 abgerindete altbackene Semmeln, etwas Milch, 80 g Butter oder Margarine, 80 g Puderzucker, 4 Eigelb, 1 Päckchen Vanillezucker, 80 g geschälte, gemahlene Mandeln, 80 g geriebene Schokolade, 6 Eiweiß

Die vorbereiteten Semmeln in Milch einweichen, ausdrücken und durch ein Sieb streichen. Butter oder Margarine, Puderzucker, Eigelb und Vanillezucker zu einer Schaummasse rühren, dann Mandeln und Schokolade untermischen und den steifen Eischnee unterheben. Die Masse in eine gut gebutterte, mit Bröseln ausgestreute Puddingform füllen. Im Wasserbad etwa 1 Stunde leise kochen lassen. Stürzen, heiß servieren und dazu leicht gesüßte, geschlagene Sahne reichen.

Semmelpudding mit Fisch

3 altbackene, in Milch eingeweichte Semmeln, 500 g gekochte Fischreste oder 750 g frischer Fisch, etwas Zitronensaft, 1 gehackte Zwiebel, 50 g Butter oder Margarine, 2–3 Eier, getrennt, 1 EL gehackte Petersilie, etwas Salz und Pfeffer

Gekochten oder frischen Fisch entgräten, in kleine Stücke teilen, mit Zitronensaft beträufeln, mit der Zwiebel und den ausgedrückten Semmeln durch den Fleischwolf drehen. Butter oder Margarine und Eigelb schaumig rühren, nach und nach den Fischteig und die Petersilie unterrühren. Sollte der Teig zu feucht sein, mit Semmelbröseln etwas dicken. Mit Salz und Pfeffer abschmecken und den steifen Eischnee unterheben. Die Masse in eine gefettete, mit Bröseln ausgestreute Kuppel- oder Puddingform füllen. Im Wasserbad etwa 1¼ Stunden leise kochen lassen. Den fertigen Pudding auf eine Platte stürzen und eine Senf-, Dill- oder Kräutersauce dazu reichen.

Brotpudding mit Schokolade

250 g drei Tage altes, geriebenes Schwarzbrot, 150 g Butter oder Margarine, 100 g Zucker, 3–4 Eier, getrennt, 1/8 l Wein oder Milch, 80 g geriebene Schokolade, abgeriebene Schale von 1/2 Zitrone, 1 gestr. TL Zimt, 1 TL Rum

Butter, Zucker und Eigelb schaumig rühren, nach und nach geriebenes Schwarzbrot, Wein oder Milch, geriebene Schokolade und die Geschmackszutaten beifügen. Zuletzt den steifen Eischnee unterheben. Die Teigmasse in eine gebutterte, mit Bröseln ausgestreute Puddingform füllen und im Wasserbad etwa 1 1/4 Stunden leise kochen lassen. Den fertigen Pudding stürzen und mit einer Fruchtsauce servieren.

Brotpudding

4 mittelgroße Eier, getrennt, 200 g Zucker, 200 g Brotbrösel, je 1 Msp. Zimt und Nelkenpulver – zum Übergießen: *1/2 l Rotwein, 1 Stückchen Zimtstange, 3 Nelken, Zucker nach Geschmack*

Eigelb und Zucker schaumig rühren, Brotbrösel und Gewürze untermischen. Zuletzt den steifen Eischnee unterziehen. Die Masse in eine gefettete, mit Semmelbröseln ausgestreute Puddingform füllen und etwa 50 Minuten leise im Wasserbad kochen. Den Pudding stürzen und mit dem gewürzten, erhitzten Wein übergießen. Dafür den Wein mit den Gewürzen bis vor den Kochpunkt erhitzen.

Semmelpudding mit Fleischresten

6 eingeweichte, ausgedrückte Semmeln, 40 g Butter oder Margarine, 1 kleine gehackte Zwiebel, 1 EL gehackte Petersilie, 3–4 Eier, getrennt, 250–400 g durch den Fleischwolf gedrehte Fleischreste, etwas Salz, Pfeffer und Paprika

In der heißen Butter oder Margarine die ausgedrückten Semmeln, gehackte Zwiebel und Petersilie zu einem Kloß abrühren. Kurz abkühlen lassen. Dann die Eigelb und Fleischreste gut unterrühren und mit den angegebenen Gewürzen pikant abschmecken. Zuletzt den steifen Eischnee unterziehen. Die Masse in eine gefettete, mit Semmelbröseln ausgestreute Puddingform füllen, im Wasserbad 1 Stunde leise kochen. Den fertigen Pudding auf eine vorgewärmte Platte stürzen und dazu eine Champignon-, Tomaten- oder Sardellensauce reichen.

Semmelpudding mit Möhren

4 in Scheiben geschnittene altbackene Semmeln, 1/4 l Milch, 40 g Butter oder Margarine, 4 Eier, getrennt, 500 g geputzte, geriebene Möhren, etwas Salz, etwa 4 EL Semmelbrösel

Semmelscheiben mit heißer Milch übergießen und ziehen lassen. Butter oder Margarine mit den Eigelb schaumig rühren, geriebene Möhren, Salz und Semmelbrösel beigeben und zum Schluß den steifen Eischnee unterheben. Die Masse in eine gefettete, mit Bröseln ausgestreute Puddingform füllen und im Wasserbad 1 1/4 Stunden leise kochen. Den fertigen Pudding auf eine vorgewärmte Platte stürzen und Kopfsalat dazu reichen.

Süßspeisen aus Schwarzbrot

Kirschenmichel

1 kg Kirschen, $^{1}/_{8}$ l Kirschsaft, 1 Gläschen Kirschwasser, 250 g geriebenes Schwarzbrot oder Semmelbrösel, 100 g Butter, 100 g Zucker, 1 Päckchen Vanillezucker, 4 Eier, getrennt, 50 g geriebene Haselnüsse oder Mandeln, 1 Msp. Zimt

Die Kirschen waschen, abtrocknen und entkernen. Kirschsaft und Kirschwasser über das geriebene Brot oder die Semmelbrösel gießen und etwas weichen lassen. Inzwischen aus Butter, Zucker, Vanillezucker und Eigelb eine Schaummasse herstellen, geriebene Haselnüsse oder Mandeln und den Zimt beigeben und mit geweichten Bröseln und Kirschen leicht vermischen. Zum Schluß den steifen Eischnee unterheben. Die Masse in eine gebutterte Auflaufform füllen und in der vorgeheizten Röhre backen.
Backhitze: 200°; Backzeit: ca. 60 Minuten.

Gefrorenes von Pumpernickel

(Aus dem Allgemeinen deutschen Kochbuch von Sophie Wilhelmine Scheibler, Berlin 1820)

Ein halbes Pfund Zucker kocht man zu Syrup, gießt dann ein Quart Sahne oder gute Milch zu, läßt beides zusammen durchkochen, schüttet zuletzt eine gute Handvoll feingeriebenen und durchgesiebten Pumpernickel daran, quirlt es mit 5 Eidottern ab, läßt es kalt werden, tröpfelt einen Tropfen Cederöl daran, tut die Masse in die Eisbüchse und läßt sie frieren.

Pumpernickel-Eis

200 g Pumpernickel, 1/4 l Schlagsahne, 1 Paket Eispulver (Vanilleeis)

Den Pumpernickel in feine Streifen schneiden, trocknen, zerstoßen und mit der nach Vorschrift zubereiteten und mit der geschlagenen Sahne vermischten Eiscreme verrühren und einfrieren.

Pumpernickelspeise

3/8 l Milch, 150 g Schokolade, 3–4 EL Zucker, 150 g geriebener Pumpernickel, 1 Päckchen Vanillezucker, abgeriebene Schale 1/2 Zitrone, 2 Eigelb, 4 Blatt eingeweichte, in 1/8 l heißer Milch aufgelöste weiße Gelatine, 1/4 l geschlagene Sahne

Milch, Schokolade, Zucker und Pumpernickel unter Rühren zum Kochen bringen, vom Herd nehmen. Vanillezucker, Zitronenschale und Eigelb beigeben, den Topf nochmals auf die heiße Platte stellen und wiederum unter ständigem Rühren bis vor den Kochpunkt erhitzen. Dann endgültig vom Herd nehmen, die in der Milch aufgelöste Gelatine unterrühren und die Speise kühl stellen. Wenn sie anfängt zu gelieren, gut die Hälfte der geschlagenen Sahne unterziehen. Die Speise in eine Glasschüssel füllen und mit der restlichen Sahne verzieren.

Brottorten

Brottorte mit kandierten Früchten

6 Eier, 300 g Zucker, 100 g Mehl, mit 1 Päckchen Backpulver vermischt, 100 g geriebene Haselnüsse, 50 g feingewiegtes Zitronat, 200 g trockene, mit etwas Wein oder Rum angefeuchtete Schwarzbrotbrösel, 1 TL Zimt, 1 Prise Nelkenpulver, abgeriebene Schale 1/2 Zitrone — zur Fülle: *4 EL Johannisbeergelee* — zum Überzug: *Rumglasur von 200 g Puderzucker mit 2 EL heißem Wasser und etwa 2 EL Rum verrührt* — zum Verzieren: *kandierte Früchte*

Eier und Zucker im Wasserbad schaumig schlagen, vom Herd nehmen und bis zum Erkalten weiterschlagen. Der Reihe nach die übrigen Zutaten hinzugeben. Die Masse in eine gefettete, mit Bröseln ausgestreute Springform füllen und bei mäßiger Hitze backen. Nach dem Erkalten die Torte durchschneiden, mit Johannisbeergelee zusammensetzen und mit Glasur überziehen. Beliebig verzieren.
Backhitze: 180°; Backzeit: ca. 70 Minuten.

Kleine Bröseltorte mit Kirschen

Brösel von 3 altbackenen Milchsemmeln, 4 Eier, 140 g Puderzucker, je 1 Msp. Zimt und Nelkenpulver, 375 g entkernte Kirschen — zum Bestreuen: *Puderzucker*

Eier mit dem Puderzucker sehr schaumig schlagen, Semmelbrösel und die Gewürze untermischen. Den Teig in eine gefettete, mit Bröseln ausgestreute Springform füllen und die Kirschen lose darauf verteilen. In der vorgeheizten Röhre backen und die fertige Torte mit Puderzucker bestreuen.
Backhitze: 180°; Backzeit: ca. 50 Minuten.

Elisabethen-Brottorte

100 g Brotbrösel, 3–4 EL Himbeersaft oder Wein, 5 Eier, getrennt, 125 g Zucker, 1/2 TL Zimt, 1 Msp. Nelkengewürz, abgeriebene Schale 1/2 Zitrone, 35 g geriebene Mandeln, je 50 g kleingehacktes Zitronat und Orangeat – zum Bestreuen: *Puderzucker*

Brotbrösel mit Himbeersaft oder Wein beträufeln. Eigelb und Zucker sehr schaumig schlagen, Gewürze beigeben, Zitronenschale, dann die angefeuchteten Brotbrösel, Mandeln, Zitronat und Orangeat. Zum Schluß den steifen Eisschnee leicht unterheben. Die Masse in eine mit Butter ausgestrichene, mit Bröseln ausgestreute Tortenform füllen und in der vorgeheizten Röhre backen. Die fertige Torte dick mit Puderzucker bestreuen.
Backhitze: 180°; Backzeit: ca. 50 Minuten.

Prager Brottorte

100 g Butterschmalz, 140 g Puderzucker, je nach Größe 7–8 Eier, getrennt, 140 g Mehl, 140 g ungeschälte, geriebene Mandeln, abgeriebene Schale 1/2 Zitrone, 1 TL Zimt, 1/2 TL Nelkenpulver, 1 Msp. Kardamom, 1 Gläschen Rotwein, 250 g geriebenes Brot

Schmalz, Puderzucker und Eigelb schaumig rühren, dann Mehl, geriebene Mandeln und Gewürze beifügen, das Mehl, den Rotwein und die Brotbrösel untermengen und zum Schluß den steifen Eischnee unterheben. Die Masse in eine gut ausgefettete, mit Semmelbröseln ausgestreute Tortenform füllen und in der vorgeheizten Röhre langsam backen.
Backhitze: 190°; Backzeit: ca. 60 Minuten.

Großmutters Brottorte

200 g geröstetes, feingeriebenes Schwarzbrot, 1 Schuß Rotwein, 12 Eier, getrennt, 500 g Zucker, 100 g geriebene Schokolade, 500 g ungeschälte, geriebene Mandeln, Saft und abgeriebene Schale 1 Zitrone, 2 TL Zimt, 1 TL Nelkenpulver, 1 TL Kardamom, 1/2 TL Muskat, je 50 g feingewiegtes Orangeat und Zitronat, knapp 1/8 l Arrak – zum Überzug: *Schokoladenglasur* – zum Garnieren: *50 g Pistazien*

Geriebenes Schwarzbrot mit dem Rotwein beträufeln und etwas ziehen lassen. Eigelb und Zucker sehr schaumig schlagen, die Schokolade, Mandeln, Gewürze, Zitronensaft und Zitronenschale beigeben und die Masse noch einige Minuten gut rühren. Erst dann das eingeweichte Schwarzbrot und die restlichen Zutaten beigeben. Zum Schluß den sehr steifen Eischnee unterheben. Die Masse in eine reichlich gebutterte, mit Semmelbröseln ausgestreute große Tortenform füllen und in der vorgeheizten Röhre backen. Nach dem Erkalten mit Schokoladenglasur überziehen und mit geschälten, gehackten Pistazien bestreuen.
Backhitze: 180°; Backzeit: ca. 75 Minuten.

Register, nach Kapiteln geordnet

Brotsorten

Roggenbrote

Mischbrote

Roggen- und Weizenschrotbrote

Brezeln, Brötchen, Semmeln, Knüppel, Pfennigmuggerl und wie sie alle heißen ...

Ungesäuerte Brote

Was man mit Brot sonst noch machen kann
Brotsuppen salzig und süß

Knödel und Klöße

Gerichte aus Semmeln – salzig und süß

Aufläufe

Puddinge

Süßspeisen aus Schwarzbrot

Brottorten

Alphabetisches Register